农资电商运营实务

——农资O2O供应链体系构建与运作

徐玲玲 著

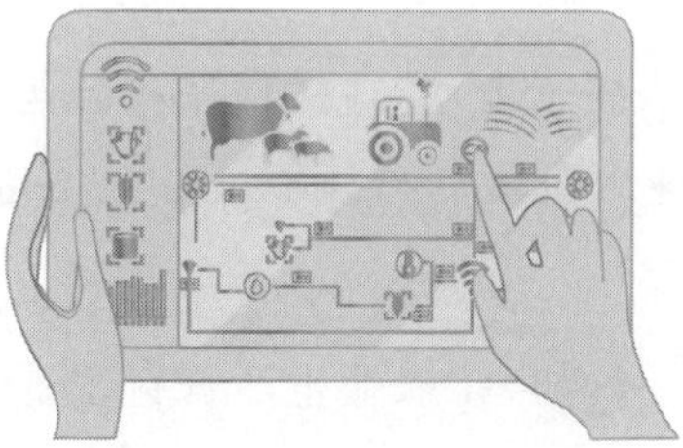

化学工业出版社
·北京·

内 容 简 介

本书主要介绍了农资供应链国内外研究综述、传统农资供应链现状与存在问题分析、农资供应链演进分析、农资 O2O 供应链体系构建与仿真分析、农资 O2O 供应链绩效评价、农资 O2O 供应链运作机制研究以及 RS 县京东农资 O2O 供应链运作实证研究等内容。通过本书，读者可以了解整个农资 O2O 供应链体系的构建与运作过程。

本书适合从事与农资电商运营实务相关的人员阅读参考。

图书在版编目（CIP）数据

农资电商运营实务：农资 O2O 供应链体系构建与运作/徐玲玲著．—北京：化学工业出版社，2021.1（2023.1 重印）

ISBN 978-7-122-37924-5

Ⅰ.①农… Ⅱ.①徐… Ⅲ.①农业生产资料-供应链管理-研究-中国 Ⅳ.①F724.74

中国版本图书馆 CIP 数据核字（2020）第 198904 号

责任编辑：辛 田　　文字编辑：冯国庆
责任校对：宋 夏　　装帧设计：王晓宇

出版发行：化学工业出版社（北京市东城区青年湖南街 13 号　邮政编码 100011）
印　　装：河北鑫兆源印刷有限公司
710mm×1000mm　1/16　印张 11¼　字数 205 千字　2023 年 1 月北京第 1 版第 2 次印刷

购书咨询：010-64518888　　售后服务：010-64518899
网　　址：http://www.cip.com.cn
凡购买本书，如有缺损质量问题，本社销售中心负责调换。

定　　价：73.00 元

前言

互联网快速发展、农资电商的不断涌现和农村网民规模的不断增加，给农资供应链发展带来了契机。农资是农业生产的重要部分，农资使用不仅影响到农户收入、农产品质量，也关系到社会发展的生态环境。但是，目前农资供应链仍然存在农户贷款难、农资物流成本高、农技服务得不到满足、供需不平衡等问题。如何解决这些问题，更好地满足农户对农资产品和服务的需求，对企业来说迫在眉睫。鉴于此，农资 O2O(Online to Offline) 模式应运而生。农资 O2O 模式能充分发挥供应链“线上线下”融合的优势，利用线上平台提供产品和资金满足农资购买需求，利用线下服务站满足农资物流、农技指导等服务要求，为农资供应链的发展提供有效途径。因此，综合运用农资供应链、供应链体系与运作、系统动力学等理论和方法，研究农资 O2O 供应链体系及运作机制具有很强的理论意义和实践价值。

本书从农资供应链因果关系入手，分析农资供应链演进过程，明确构建农资 O2O 供应链体系的动因；运用 Hotelling（霍特林）模型分析农资 O2O 供应链的主体构成；建立农资 O2O 供应链主体结构模型，分析其功能要素和流程，构建农资 O2O 供应链体系模型；运用系统动力学方法对农资 O2O 供应链体系进行不同农资需求的仿真分析；依据体系建立农资 O2O 供应链运作机制，并对 RS 县京东农资 O2O 供应链进行实证分析。主要内容包括以下几个方面。

① 传统农资供应链现状与存在问题分析。从农资供应、农资营销、农资物流、农资金融、农技服务、农机作业和信息化建设等方面对传统农资供应链进行现状分析，建立传统农资供应链绩效评价指标体系对农资供应链进行评价，根据评价结果提出传统农资供应链存在问题。

② 农资供应链演进分析。通过对传统农资供应链结构描述，分析传统农资供应链因果关系，指出传统农资供应链存在的问题，提出传统农资供应链向农资 B2C(Business to Customer) 供应链演进的必要性；通过对农资 B2C 供应链结构描述，分析农资 B2C 供应链因果关系，指出农资 B2C 供应链存在的问题，得出农资 B2C 供应链向农资 O2O 供应链演进的必要性；通过对农资 O2O

供应链描述，分析农资 O2O 供应链因果关系，明确农资 O2O 供应链体系构建的动因。

③ 农资 O2O 供应链体系构建与仿真分析。运用 Hotelling 模型分析农资 O2O 供应链线下服务主体的类型，构建农资 O2O 供应链主体结构模型；基于主体结构模型，分析包括金融服务方式与流程、物流服务网络与流程、信息构成与服务网络、农资服务主体与网络等功能要素；以主体、功能、流程等形成农资 O2O 供应链体系模型，对体系内容进行了描述。运用系统动力学理论，建立农资 O2O 供应链系统动力学流图模型，进行仿真分析。

④ 农资 O2O 供应链绩效评价。基于文献与农资供应链实践，分析影响农资 O2O 供应链绩效的因素，建立包括信息融合效率、业务融合、客户服务质量、抵御风险能力、财务指标、绿色环保水平等指标的农资 O2O 供应链绩效评价指标体系，运用层次分析法、模糊综合评价法确定指标权重和评价结果，并对结果进行分析。

⑤ 农资 O2O 供应链运作机制研究。围绕农资 O2O 供应链体系的主体、功能等设计农资 O2O 供应链运作机制框架，包括供应链融资机制、物流资源整合优化机制、信息共享机制、农技推广机制、利益分配机制、风险分担机制和政府保障机制，分别对各个机制进行了描述。

⑥ RS 县京东农资 O2O 供应链运作实证研究。以 RS 县京东农资供应链为实证对象，分析京东农资 O2O 供应链在融资、物流、农技推广、信息共享、利益分配、风险分担等方面的实际运作情况，并提出相应的策略。

本书共 10 章，由徐玲玲编写完成。从雪薇、卜宇超、陶阳红等完成相关资料的收集工作。

本书在编写过程中参考了国内外最新观点和著述，特此对在此领域做出积极贡献的学者表示感谢。因作者学识有限，书中疏漏之处在所难免，希望得到大家的指正。

著者

目 录

第 1 章　绪论

第 2 章　农资供应链国内外研究综述

第3章　传统农资供应链现状与存在问题

第4章　传统农资供应链到农资 O2O 供应链演进

第5章 农资 O2O 供应链体系构建

第6章 农资 O2O 供应链体系仿真

第 7 章　农资 O2O 供应链体系绩效评价

第 8 章　农资 O2O 供应链运作机制设计

第1章

绪论

1.1 背景

我国非常重视农业互联网发展，2014 年国家中央一号文件中明确提出“加快农村互联网基础设施建设，推进信息进村入户”的要求，之后连续 4 年“互联网+农业”相关内容均被列入中央一号文件；2015 年国务院办公厅发布《关于促进农村电子商务加快发展的指导意见》也明确提出“加快农村电子商务发展，把实体店与电商有机结合”的要求。在国家政策方针的大力支持下，经过多年的发展，据《2017 年中国互联网络发展状况统计报告》数据显示，中国网民规模达到 7.51 亿，其中农村网民规模达到近 2.25 亿，越来越多的农民开始使用电子商务平台进行消费。农业互联网已然成为现代化农业发展的重要组成部分，电商的作用渗透到了整个农业产业链。农资是农业生产的重要部分，农村电商的发展必然带动农资电商的发展。据《2015 年中国农资市场调查研究与发展趋势预测报告》数据显示，中国农资的市场容量超过 1.5 万亿元，农资电商市场容量能达 5000 亿元，可见农资电商发展空间非常大。农资生产企业、电商企业等纷纷响应国家号召，开始投资建设农资电商平台。2014 年京东开始销售化肥，并与格莱珉银行合作向农户赊销农资；鲁西化工集团股份有限公司、江苏龙灯化学有限公司等农资生产企业相继开始打造自己的电商平台。电子商务以其开放性、低成本、高效率的优势，解决了传统农资供应链中存在的渠道环节多、多级分销导致农资价格高、信息不对称、终端用户难于直接对接农资生产商、大量交易成本等问题。农资电商的快速兴起，给农资供应链的发展带来了契机。但是，农资购买资金有限、农资物流效率低下、农技服务缺失、农资信息不对称等问题依然存在。为了解决这一系列问题，从农资供应链演进分析入手，运用供应链体系与运作管理、系统动力学等理论和方法构建农资 O2O(Online to Offline)供应链体系及运作机制，并以京东为对象，进行实证分析，提出企业实践策略。农资 O2O 供应链体系和运作机制的建立，能解决农资供应链供需矛盾，提升农资供应链绩效，实现农资供应链线上线下有机融合，促进农业现代化快速发展。

1.2 研究目的与意义

1.2.1 研究目的

农资是农业生产中必不可少的一部分，农资供应链的研究越来越受到理论界和企业界的关注。为了解决农资供应链存在的问题，建立农资 O2O 供应链体系，实现农资供应商、农户、电商三方的“共赢”，提升农资供应链绩效；同时，也致力于构建农资 O2O 供应链运作机制，为农资供应链运作提供有效策略，提高供应链成员企业间的合作效率，实现“资金流、物流、信息流、农技服务流”等有机融合，最终实现农资供应链整体竞争力的提升。

1.2.2 研究意义

从理论层面来看，供应链体系及运作已经形成了相对成熟的理论，在普通商品中也有了较为广泛的实践应用，但是，农资与普通商品差异较大，农资供应链领域的相关研究并不多。因此，以电子商务环境下农资供应链为研究对象，分析了农资供应链演进过程，拓展了农资供应链演进的理论研究；建立农资 O2O 供应链的主体模型，构建农资 O2O 供应链体系模型及其系统动力学仿真模型，从主体、功能、流程等多方面丰富了农资 O2O 供应链体系建设的理论研究；并结合体系建立了农资 O2O 供应链运作机制，拓宽了农资供应链运作研究视野，为农资供应链管理实践提供一定的决策依据和理论指导。从实践层面来看，研究的意义包括以下几个方面。

① 随着农资电商的快速发展和农村网民规模的不断增加，利用农资电商平台进行农资销售企业的数量不断增多，规模不断扩大。农资 O2O 平台能够促进农资物流、资金流、信息流的有效整合，能够改变传统农资经营的供需关系，降低农资经营成本，有利于农资供应链节点企业间建立长期稳定良好的合作关系，有利于提高农资企业的竞争力。农资 O2O 供应链能解决农资经营过程中的诸多问题。

② 结合农资 O2O 供应链内涵和因果关系，通过分析农资 O2O 供应链主体结构、建立农资 O2O 供应链网络、分析农资 O2O 供应链功能要素，建立农资 O2O 供应链体系。该体系能充分发挥线上的市场优势，为农户提供

更多价格低廉、高质量的农资，扩大农资需求；并提供农资配送、农技指导、代理订货等全方位服务，提高农户满意度。该体系能实现线上线下有机融合，有效解决农资资金、技术、市场难题，解决农户种植难题，便于保护农业生态环境。

③ 农资供应链具有动态性、复杂性、资金有限、服务多样等特点，为了实现农资 O2O 供应链的长期运作，通过建立农资 O2O 供应链运作机制，有助于实现农资 O2O 供应链主体间有效合作，提高合作效率，降低供应链的总成本，同时能解决农资供应商、农户资金不足的难题，保证了农资需求的满足，也能提升农资物流服务水平，实现供应链节点企业间信息共享，提升农资供应链整体运作绩效。

1.3 研究方法

（1）文献研究

查阅整理了关于农资供应链、O2O 供应链、供应链体系、供应链运作机制等方面的国内外研究现状，分析目前国内外学者在此领域的研究概况，并进行了述评。通过文献综述法研究农资供应链体系构建与运作的研究现状和现实需求，为研究内容提供理论基础。

（2）建模分析

在农资 O2O 供应链主体分析方面，运用 Hotelling（霍特林）模型对农资电商自建线下服务中心进行分析；在农资 O2O 供应链运作机制研究方面，建立了农资供应链利益分配模型、车辆配送与配送路线优化模型，对农资 O2O 供应链主体合作以及物流资源优化等方面进行分析。

（3）仿真分析

运用系统动力学理论和方法对农资 O2O 供应链体系进行仿真分析，建立农资 O2O 供应链系统动力学流图，结合实际调研情况确定系统动力学仿真参数和农资不同需求类型，进行农资 O2O 供应链仿真分析和评价。

（4）实证研究

选择 RS 县京东农资 O2O 供应链为实证对象，结合农资 O2O 供应链运作机制进行实证分析，结合实证分析结果提出运作策略。

1.4 基本概念

1.4.1 农资的概念与特点

（1）农资的概念

所谓农资，通常是指在农业生产过程需要投入物质资料和物质条件，通过农业生产投入用以改变和影响劳动对象。农资的种类一般有农药、化肥、农膜、农业机械等。研究的农资主要是农药和化肥。

（2）农资的特点

农资是一种特殊的消费品，其特点主要有以下几个方面。

① 运输和储存要求高。化肥、农药属于农业化学投入品，品种复杂，体积较大，某些品种易燃易爆，某些品种有毒，所以农资对运输条件和储存的要求较高。

② 农资服务要求高。农资的使用需要专业的农业技术指导，而且使用技术要求高，但是进行农业生产的农业劳动者文化素质相对较低，如果没有专业人员进行农业技术指导，很难发挥好农资的作用，因此农资使用需要配套、专业的服务。

③ 赊销普遍。农民资金有限，农资市场混乱，零售商为了吸引更多的农户购买其农资，增加市场份额，往往会为农户提供赊销，由于农户对农资品牌的意识不强，对凡是提供赊销的零售商比较认可，所以赊销非常普遍。

1.4.2 农资供应链概念与特点

（1）农资供应链概念

从现有的文献来看没有明确的农资供应链的定义，与之相关的且有代表性的主要是三位学者的观点。张晟义（2003 年）认为“涉农供应链是以农业原材料作为后续各阶段生产加工和运销主要对象的供应链的总称，主要涉及对动植物等具有生命体的原材料的生产、加工制造及分销至最终消费者的过程”。洪运华（2007 年）认为“农资供应链管理是对农资生产商、农资流通企业、零售商和农资用户这些为了实现各自利益和目标在一定时间内结成相互协作的利益共同体的管理”。王静（2010 年）认为“化肥供应链是为保障农民生产活动的顺利开展，围绕某一核心企业，由原材料供应商开始，将化肥从生产商、批发商、零售商直至递交给最终使用者的由若干链段组成的功能性网链结构模式”。参考现有学者的观点，结合农资产品特性，将农资供应链界定为：为满足农资终端用户的需要，以保障农业生产的顺利进行，以将农资产品从农资供应商、核心企业送到最终用户为核心，以金融服务、物流服务、信息服务、农技服务为支撑的功能网络结构。如图 1-1 所示，农资供应链的功能不仅满足农资产品供应的需要，还要满足农资服务的需求。

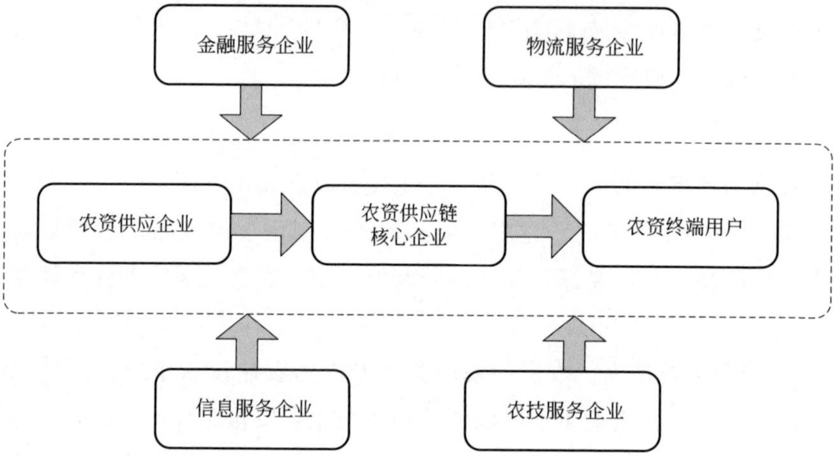

图 1-1　农资供应链

（2）农资供应链特点

① 农资供应链以终端用户需求为中心。农资供应链一切以终端用户需求为中心，要在合适的时间、合适的地点以合适的成本向终端用户提供合适的农资，还要向终端用户提供合适的农技服务、金融服务等，真正解决终端用户的实际需求。

② 农资供应链具有服务性。农资供应链不仅要求产品质量，也要求服务质量，而且服务具有多样性，包括物流服务、金融服务、农技服务、信息服务等。所以农资供应链是多主体构成，其结构比较复杂，其方式是通过主体间合作实现供应链物流、资金流、信息流等运作，实现其服务价值。

③ 农资供应链具有动态性。为了更好适应市场变化的需要，需求方对农资的选择和使用也会发生变化，与之配套的服务也会发生变化，而且农业生产受自然环境影响大，不确定性大，可控性难度大，农资供应链的节点企业具有动态性，经常会出现调整和更新。

④ 农资供应链具有高成本、高风险的特性。正如农资特性的描述，农资对运输和储存的要求比较高，因此农资物流需要投入大量物流的设施设备、人员等，物流成本高；除此以外，农资从生产企业运输至农户，路程长，易受到天气、运输条件等影响，运输风险大，而且农业生产也容易受到自然气候的影响，种植风险大。

⑤ 农资供应链具有契约性。农资供应链节点企业较多，企业之间的合作容易受到外部环境和企业自身的影响，为了能够更好地连接供应链节点企业的关系，保证农资供应链能长期运作，节点企业往往通过签订合同，建立契约关系。

1.4.3 农资电商

（1）以农资生产企业电商平台为主导的“农资企业+ 农资需求者”模式

该模式由大规模农资生产企业建立自己的电商平台，网站一般实行会员制。企业通过电商平台展示自己的产品，借助自营物流或第三方物流将农资送到购买者手中，购买者可以通过网络实时了解农资物流情况。农资企业通过该模式可以有效与最终消费者进行沟通，降低企业的广告费用，提高企业品牌知名度，增加产品销量；消费者可以较低成本购买到农资产品。该模式的盈利点主要是在网上销售商品获得收入，电子平台的搭建可以更快速地实现新品发布，缩短和减少新品推广时间和费用，面对的主要消费群体为种粮大户、农村合作社、小型销售店，如图 1-2 所示。鲁西化工集团股份有限公司的“鲁西商城”就属于该模式，消费者在“鲁西商城”上订购产品后选择自提或送货，可以实时接收短信查看订单处理情况。

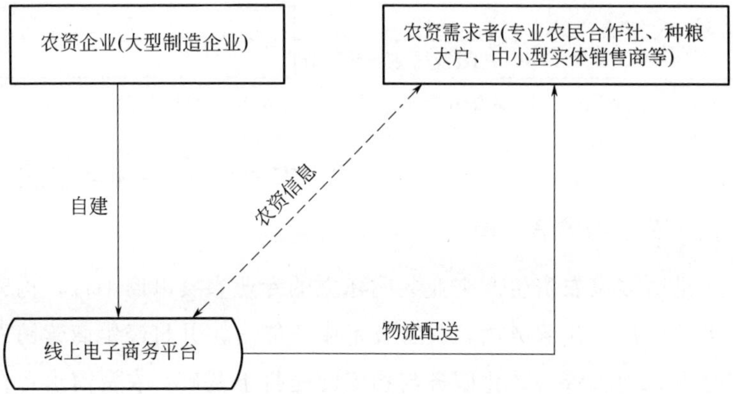

图 1-2　以农资生产企业电商平台为主导的农资电商模式图

（2）以综合电商平台为主导的“农资企业+第三方电商+农资需求者”模式

该模式以现有的成熟的第三方电商平台为核心，电商企业自行构建县级营运中心和村级服务站两级营运体系或与现有的信息站进行合作，实现渠道下沉，实行会员制，企业借助电商平台进行产品展示和宣传并支付一定费用给电商，同时配合电商进行一系列的活动，电商负责订单管理和物流配送，按照一定比例抽取佣金。服务站配备专业的技术人员，帮助农民进行代购代销，农户选中产品后，服务站替买家进行付款，到货后农户满意付款给服务站，中间所有的交易和退货行为都由技术人员完成，农户无须网上操作，迎合了农民现金交易的消费习惯。该模式中第三方电商的盈利点主要是依靠网页流量，收取企业的广告费和佣金，网上支付和物流环节也成为重要的利润源；农资企业则通过借助电商计算机端和移动终端的增加提高了产品的销量，如图 1-3 所示。该模式面对的消费者可以是种粮大户、农村合作社，也可以是散农。如北京中保绿农科技集团有限公司在天猫上开设自己的旗舰店，江苏农垦农药有限公司在阿里巴巴出售农资。

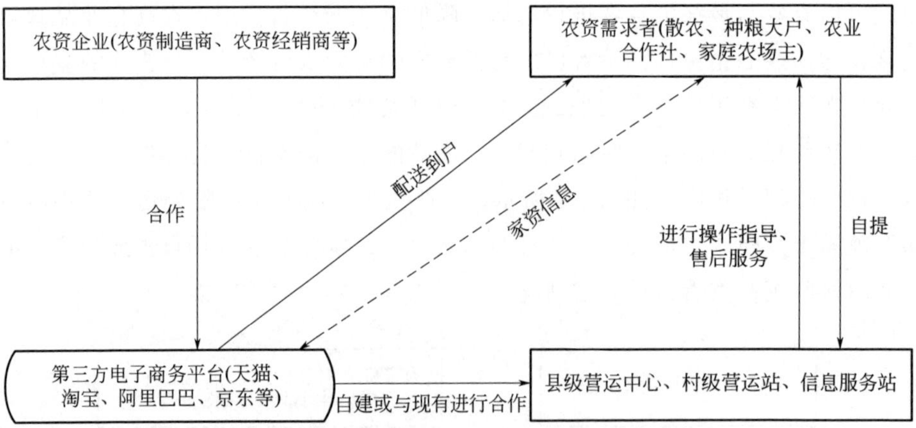

图 1-3　以综合电商平台为主导的农资电商模式图

（3）以专业农资电商平台为主导的“农资企业+专业农资电商+工作站、服务站+农资需求者”模式

该模式是由多家农资生产企业共同建立的专业农资电商平台，构建县级工作站与村级植保信息化服务站，具备技术服务能力，并将经销商营销人员变为技术推广专员，为农资一体化服务与物流配送打下基础。农资需求者在线上购买商品后，可以选择到工作站、植保站进行商品自提，实现线上线下联动。值

得一提的是，该模式中，购买者可以根据当地的实际情况在线上向专家咨询购买适宜的农资，线下植保站还可以提供技术服务，这是该模式不同于前两种模式的最大盈利点，如图 1-4 所示。由辉丰股份有限公司和中国农药发展与应用协会主导投资组建的农一网就是该模式的典型代表。该模式涵盖商品推广、技术服务、物流配送等环节，突出价格优势，实现对渠道的有效管控，加快产品周转和销售回款，农资需求者可以得到更好的服务和以更低的价格买到产品，实现了双赢。

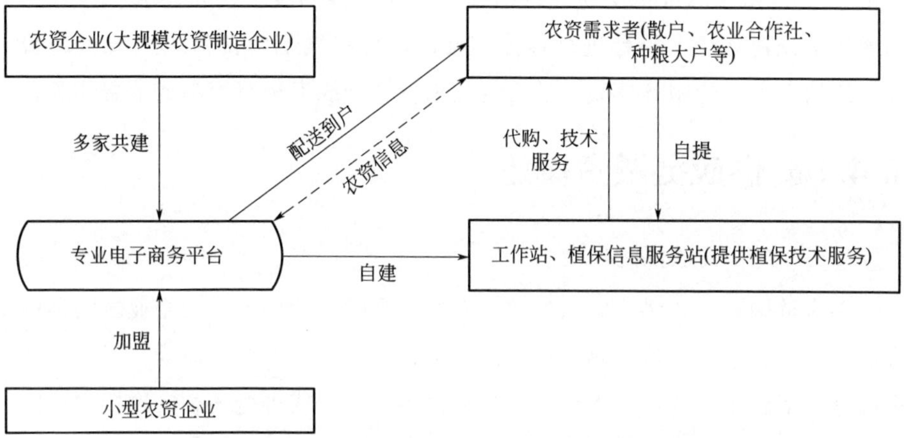

图 1-4　以专业农资电商平台为主导的农资电商模式

1.4.4　O2O 模式概述

（1）O2O 模式内涵

O2O 模式是利用互联网将线上交易和线下服务相融合的一种新型电子商务模式，主要由线上平台、电商企业、消费者、线下实体店四个要素构成。线上平台主要为消费者提供了丰富、及时、全面的信息，消费者能够快速筛选并订购需要的商品或服务；线下实体店能够直接面对面接触消费者，深入持续进行客户关系管理，实现精准营销。O2O 模式注重线下服务质量，线下服务是制约 O2O 模式发展的关键因素。

（2）O2O 模式类型

O2O 模式按照 Online 和 Offline 的先后顺序分成四种类型，具体内容如下。第一种类型是“Online＋Offline”，也就是从线上交易到线下体验。这种类型的做法是电子商务企业先建立线上消费平台，将原有的线下消费流引至线上进行交易，同时，消费者也可以到线下享受服务体验。第二种类型是“Offline+Online”，也就是从线下营销到线上体验。这种类型的做法是企业先建立线下实体店，对消费者进行线下营销，并让消费者享受服务体验，然后再将线下用户引入线上平台，在线上进行交易。第三种类型是“Offline+Online+Offline”，也就是从线下营销到线上交易再到线下体验。这种类型的做法是企业先建立线下实体店，对消费者进行线下营销，再将线下用户引入线上平台进行线上交易，然后让用户到线下享受消费体验。第四种类型是“Online+Offline+Online”，也就是从线上交易或营销到线下体验再到线上消费体验。这种类型的做法是先建立线上平台进行宣传和推广，再将线上消费流引入线下消费空间，让消费者享受服务体验，然后再让消费者到线上进行交易或消费体验。

1.4.5 供应链融资概述

（1）供应链融资的内涵

供应链融资是指供应链上的核心企业、金融机构、上下游企业之间利用供应链的资金流、信息流、物流的资源互补，以核心企业的资质为担保，实现对供应链上下游企业的信用保证，通过自偿性贸易方式进行还款的融资方式。

（2）供应链融资的类型

常见的供应链融资的类型有订单融资、预付账款融资、应收账款融资、存货质押融资等。订单融资是指企业凭产品订单，由银行提供专项贷款，供企业购买材料组织生产，企业在收到货款后立即偿还贷款的业务。预付账款融资是指供应链下游经销商与核心企业签订购销合同后，先预先支付一部分账款，利用这部分账款向金融机构进行融资，维持企业正常的生产经营。应收账款融资是指供应链上游企业以应收账款作为担保，向金融机构进行融资，保证供应链的有效运行。存货质押融资是指资金需求方将其存货交付给物流企业进行保管，凭借质押凭据向金融机构进行融资。

1.4.6 供应链利益分配概述

（1）供应链利益分配的原则

供应链节点企业要想实现供应链利益分配的公平和公正，就必须遵循一些原则，利益分配原则是供应链利益分配模型构建的重要依据。这些原则主要包括以下几点。

① 公平性供应链节点。企业之间既要追求利益，也要兼顾公平，才能保证供应链长期发展。公平性的原则主要是从供应链的整体利益出发，通过平衡各主体的利益关系，促进供应链主体目标和行为有序进行，便于实现供应链整体优化。

② 激励性供应链节点。企业除了在公平原则下，合理进行利益分配之外，同样也需要创造更多的供应链利益，这就需要所有合作伙伴采取行动实现供应链利益最大化，核心企业要采取行动激励其他节点企业共同提升供应链利益。

③ 补偿性供应链利益分配。主要考虑供应链节点企业的投入、供应链节点企业承担的风险、供应链节点企业创造的价值。利益分配的比例要基于上述分配的影响因素，对于投入多的、承担风险大的、创造价值大的要给予补偿。

（2）供应链利益分配的方式

供应链利益分配方式常见的有三种。

① 收益分享。这种方式通常是指核心企业与供应链节点企业按一定的分配比例系数从供应链总收益中分得自己应得的收益。

② 固定支付。这种方式通常是指核心企业根据节点企业承担和完成的任务，按照事先协商好报酬进行支付。支付的方式可以选择一次性支付，也可以选择分次支付。支付的报酬一般都是从供应链总收益中获取。

③ 混合形式。这种方式就是将收益共享和固定支付两种方式进行结合，核心企业既要向其他节点企业支付固定的报酬，同时也从总收益中按一定分配比例向其支付报酬。

1.4.7 供应链风险分担概述

（1）供应链风险分担的概念

供应链风险分担就是将供应链中存在的风险以合理的方法和科学的原则，在供应链成员之间进行合理的分担，使其共同承担供应链系统所存在的风险。

（2）供应链风险分担的原则

供应链风险分担通常遵循以下几个原则。

① 因果性。按照此原则，如果由于供应链节点企业的错误或失误产生了风险，那么该风险就应该由该节点企业自行承担，所以为了避免类似风险的产生，供应链中各个成员应该相互监督，以确保供应链利益最大化。

② 风险利益对等性。按照此原则，供应链节点企业的风险与利益比例是

对等的，也就是说，如果供应链节点企业承担了最大的风险，那么该企业就应该获得最大的利益分配额，反之亦然。

③ 协商性。按照此原则，供应链节点企业之间风险分担的比例可以通过协商并签订契约来实现，以保证供应链的正常运行。

④ 低成本。按照此原则，一旦发生供应链风险，供应链节点企业应积极采取措施来应对，以低成本的方式解决此类风险。

第2章

农资供应链国内外研究综述

2.1 农资供应链研究综述

国外学者将供应链的原理、方法和技术与各自农资经营主体相结合，现有的研究成果和经验为我国的相关研究提供了有益的借鉴，欧美发达国家大多通过各种农业自助合作经济组织形成农资供应链体系。日本由农民协会形成农资供应链体系。V. Hovelaque(2009 年）指出农资供应链的供应结构会受到限制供应、价格合同的影响[1]。A. Cechin(2013 年）通过 148 个农户样本，经调查分析，明确了农资供应链节点企业合作的四种组织机制[2]。国内学者关于农资供应链的研究主要集中在农资连锁经营、农资物流、农资电商、农资服务等方面。赵鱼等（2012 年）通过研究发现农资市场的发展程度会显著影响农户的粮食种植行为[3]。郭永田（2013 年）指出由于农资市场价格波动对农户会造成负面影响，政府应加大农资市场的监管力度、加大农资综合补贴力度、提高农技服务水平[4]。李奎刚（2011 年）针对豫北地区邮政农资物流运作模式的信息延迟、物流延迟、流动性大等不足，提出构建“农资配送中心+农资超市”的现代农资物流运作模式，有效实现信息资源共享、供求良好结合和降低成本[5]。符家鸿（2012 年）认为现有农资连锁经营体系存在市场环境混乱、配送设施和信息服务不完善等问题，并提出相应的改进对策[6]。方薇等（2012 年）利用混合编码模式建立农资溯源系统，集成了农资供应链商务平台等功能[7]。任保才（2013 年）认为农资电商平台是农资销售的主要方式[8]。杜鹃等（2017 年）针对车辆空载和资源浪费等问题，从系统需求分析、系统总体等方面设计了 LBS 的农资物流配送管理系统，并经过测试、应用，证明系统能够提高工作效率[9]。曾鸣等（2017 年）从湖南省农资经营现状入手，提出 B2B2C 农资电商的经营模式，并从基础设施建设、人才培养和农资企业转型三个方面提出了相关建议[10]。王玲玲等（2013 年）结合海南农产品的质量安全问题，分析 RFID 技术在农资信息标识中的应用，实现农资质量、农资使用的监管[11]。庄丽娟等（2011 年）运用多类逻辑回归（Multinomial Logistic）模型实证分析了农户对农业生产性服务的需求意愿及影响因素，认为农户自身特征和服务信息来源对农业生产性服务需求意愿的影响很大[12]。王钊等（2015 年）实证分析了农户社会化服务需求的影响因素，指出土地规模、农业生产收入和农业社会化服务水平对农业社会化服务需求有积极的作用，而土地细碎化程度、农户兼业化程度对农业社会化服务需求有消极的作用[13]。

国内外学者对农资供应链的研究更多地从农资流通方式、渠道、信息系统、价格等方面展开研究，部分学者也开始对农资电商展开研究，但是系统性研究农资供应链体系的比较少。参考国内外学者的理论观点，研究农资供应链体系的构建。

2.2 O2O 供应链研究综述

国内外学者将 O2O 模式与供应链紧密结合，展开了丰富的研究。Chen 等（2016 年）运用博弈论方法，分析 O2O 混合双渠道供应链下零售商和供应商的最优价格及最大利润，确立了零售商的定价策略[14]。Ji 等（2017 年）以低碳环境下 O2O 零售供应链为研究对象，分析了三种情况下供应链成员的减排策略，同时也分析了政府在低碳排放中的作用[15]。Kong 等（2017 年）基于 O2O 双闭环供应链，以收益共享系数、批发价格和回收价格转移支付系数作为合约参数，设计了由制造商主导的收益共享契约，对产品定价策略和服务水平进行了优化[16]。刘路星等（2015 年）提出有机农产品企业通过线下体验式营销来提升农产品营销的介入程度，进而提高消费者的参与程度，通过线下线上融合维系好顾客关系，实现精准营销[17]。刘助忠、龚荷英（2015 年）认为线上线下的有机融合是农产品供应链发展的主流方向，第四方物流是推进农产品 O2O 供应链发展的有效途径，在此基础上提出了“互联网＋农产品”O2O 供应链模式[18]。岳向华、许明辉（2015 年）通过对当前生鲜 O2O 领域的发展现状以及运营模式进行探讨，明确指出生鲜 O2O 模式不仅可以降低交易成本和配送成本，满足消费者对原生态产品的需求，线下的服务方式能更好地了解本地消费者的喜好，满足小众、个性化的需求特点，生鲜 O2O 将成为主流的消费习惯[19]。徐广兰（2017 年）根据山东和安徽 312 个农户的调研数据，研究表明，手机上网购买和代理站代为下单购买这两种网络购买途径会影响农资网购意愿；同时也表明农资价格、农资质量、可信度等是影响农资网购的关键因素[20]。国内外学者在 O2O 供应链领域已经开展了较多的研究，研究了 O2O 模式下供应链在价格、服务、碳排放的实施策略，研究了农产品、生鲜品开展 O2O 供应链的意义等内容，进一步明确了实施 O2O 供应链的必要性，为农资 O2O 供应链的研究提供了丰富的理论支持，在现有研究的基础上，对传统农资供应链到农资 O2O 供应链的演进历程进行分析，明确农资 O2O 供应链是农资供应链发展的必然趋势。

2.3 供应链体系研究综述

国内外学者在供应链体系方面主要围绕供应链结构、环节、影响因素等方面展开研究。B. Resta 等（2017 年）提出供应链的组织结构、与供应商建立伙伴关系等是汽车服务供应链体系的关键[21]。Yazdani，Morteza 等（2017 年）从技术和客户两个方面建立供应链系统，技术层面考虑的是金融稳定、质量、交货条件、服务等因素，客户层面考虑的是对安全耐用产品、污染物和有害物质排放、社会责任等因素[22]。强文丽、成升魁等（2011 年）从巴西大豆的农资供给、大豆生产、大豆仓储、大豆压榨、大豆运输、大豆及其制品出口等供应链环节分析巴西大豆供应链体系的现状与存在问题，并提出相应的改进策略[23]。侯艳红、丛萌（2011 年）从医疗供应链体系的生产、分销和消费三个环节出发，构建 GPO 采购模型，通过分析表明 GPO 采购模式可以协调供求双方的利益分配，降低交易成本，实现对现有医疗供应链体系的优化[24]。赵晓飞（2012 年）分析了农产品供应链现存的主要问题，从渠道、组织、服务和质量安全等方面构建现代农产品供应链体系[25]。杜永红（2015 年）结合我国已有农产品供应链模式，指出农产品供应链存在的信息化水平低、智能化平台缺失、物流技术落后等问题，提出加快基础设施建设、构建信息服务平台、延伸县域电商、建立追溯体系等措施[26]。颜波等（2016 年）运用 PDCA、SWOT 等方法对丰顺县科技创新服务的供应链体系构建的影响因素进行分析，从服务主体、服务内容和服务平台建立了丰顺县科技创新服务的供应链体系的基本框架，指出良好的运作机制是体系正常运行的保障[27]。文华（2016 年）分析了供应链物流、资金流、信息流的“三流”现状，提出利用互联网技术可以从需求侧管理、供给侧管理、提升物流及金融服务能力三个方面对供应链体系进行优化，分析结果表明：互联网技术、大数据技术，从根本上能减轻高库存，进行供应链金融创新[28]。国内外学者对系统动力学在供应链中应用也展开了丰富的研究。L. Bam 等（2017 年）开发了一种二线结核药物丁胺卡那霉素的供应链系统动力学模拟模型，以可靠性、响应性和敏捷性为指标，证明该模型能有效地降低缺货[29]。S. Miao 等（2017 年）构建了第三方主导的闭环供应链的系统动力学回收模型，分析该模型对回收模式的销售率、市场份额和供应链收益的影响，结果表明该系统动力学模型比传统模型更有效、更优化[30]。Kochan，Cigdem Gonul（2017 年）运用系统动力学理论研究云计算在医院供应链管理中的应用，研究结果表明，云计算的信息共享提高了医疗供应链的可视性，提高了医院的响应能力，能减少库存成本、供应成本等[31]。Ricardo Saavedra（2018 年）构建了能源供应链系统动力学模型进行分析[32]。甘筱青等（2012 年）依据 38 个生猪和饲料等市场的调研数据，建立生猪供应链的系统动力学模型，并进行了仿真分析，研究表明："公司＋农户"供应链模型不仅可以保证猪肉安全，还可以提高农户收入[33]。兰庆高等（2014 年）分别构建了先票后货标准授信和保兑仓融资两种方式的系统动力学模型，分析供应链金融对供应链绩效的影响，结果表明：供应链金融能有效解决资金约束问题，实现供应链绩效优化[34]。于丽萍等（2015 年）运用系统动力学方法构建了供应链绩效与企业经济增加值的关联模型，结果表明：关联模型可以提升企业财务业绩，提升供应链绩效，增加供应链竞争优势[35]。张玉春、周金华（2016 年）构建了再制造优先闭环供应链质量控制的系统动力学模型，分析供应链中各主体的质量投资策略，研究结果表明：制造商通过提高原料质量投入和生产环节的改进能实现产品质量的提升，销售商通过增加销售收入可提高服务质量，还可以通过收益共享契约来实现激励，提升供应链利润水平[36]。成琼文等（2016 年）建立绿色供应链系统动力学模型，以我国电解铝行业为例进行仿真，结果表明：通过增加研发投入、丰富研发资源、全面配置企业资源等提升绿色供应链高效运作[37]。根据现有的供应链体系研究，可以发现供应链体系从供应链环节入手，注重"物流、资金流、信息流"的相互关联，同时也提出供应链体系的建立要考虑组织机构、上下游企业间的关系等问题，研究农资 O2O 供应链体系，既考虑了传统供应链上的"三流"，也根据农资特点，引入其他服务流来完善农资 O2O 供应链体系理论。在系统动力学在供应链应用研究方面，针对不同类型的供应链构建其系统动力学模型，通过仿真分析表明不同参数的变化对供应链绩效的影响，也运用系统动力学模型对农资供应链体系进行仿真分析，在参数方面，会根据农资供应链特点进行设置。

2.4 供应链运作研究综述

国内外学者在供应链运作方面进行了丰富的研究。Hyoduk Shin(2010 年）认为零售商竞争者数量增加和客户需求变化会导致需求预测失效，因此提出一种契约机制在需求失效时实现供应链运作[38]。Q. Zhu(2016 年）对于供应链运作的研究主要集中在对环境和经济绩效的影响[39]。M. Wandfluh 等（2015

年）认为组织间的合作对整体财务绩效有显著的正向影响[40]。邱洪全、罗键（2016年）针对生鲜农产品易变质易损耗的特点，提出了基于CPFR的供应链运作模式，该模式能实现信息共享，协同预测与补货，协同集中决策[41]。彭勃（2012年）从运作理念、结构和运行方式三个角度阐述了集群式港口物流柔性供应链的运作机制[42]。周湘贞（2017年）以农产品供应链常见模型“农户+企业”为研究目标，建立风险配准模式以及“期权+保险”模式下的供应链运作博弈模型，对农产品供应链运作机制进行了互联和融合分析[43]。张艾荣（2013年）设计了政府电子服务供应链模式，并从动力机制、约束机制、利益协调机制三个方面提出其运作机制[44]。国内外学者对供应链运作内容的机制研究主要包括供应链融资、供应链信息共享、供应链利益分配等方面。下面分别对此进行描述。

（1）供应链融资研究综述

国内外学者对供应链融资的研究主要集中在融资作用、融资模式、机制和风险等方面。M. Comelli（2008年）从银行产品和金融机构两个角度，分析了电子商务发展的意义以及电子商务融资过程中可能出现的问题[45]。Wandfluh等（2014年）运用实证研究的方法分析了供需主体的供应链金融合作机制[46]。A. Wuttke David等（2016年）认为通过促进买方更长的付款条件来获得供应商融资，以此来改善供应链绩效，付款条件同时会受到初始付款条件、采购量、最佳付款期限等因素影响[47]。Jing Bing等（2014年）认为供应链融资可能不仅对贷款方有利，而且对零售商和制造商也有利[48]。Yang等（2017年）研究了外部融资对企业最优决策和供应链绩效的影响，表明外部融资能有效解决企业资金问题，提升供应链绩效[49]。Chen等（2017年）提出由于订单数量受风险规避程度的影响，所以当零售商初始财富较低时，融资可以提高供应链系统的利润[50]。S. Isakson Ryan（2014年）指出农业企业越来越多地参与金融活动，金融服务越来越增强农产品系统中零售商的位置[51]。马娟等（2015年）运用演化博弈方法分析了第三方物流企业与银行之间的供应链金融运作机制[52]。刘圻等（2011年）分析了下游农业企业和上游农业企业的供应链融资模式，研究表明：上游农业企业的供应链融资模式为订单融资、应收账款融资以及融通仓融资；下游农业企业的供应链融资模式为应付账款买方融资和预付账款买方融资[53]。李卫姣、马汉武（2011年）分析了B2B（Business to Business）电子商务下供应链融资模式，提出该模式能够有效地提升融资业务利益相关者的综合经济效益，且有效地降低融资风险[54]。谢世清等（2013年）提出了物流企业主导、商业银行机构服务和企业集团合作三种国际供应链金融模式，并结合案例企业，比较分析了这三种模式在融资主导者、模式运作和实施等方面的异同，通过对比分析为我国开展供应链金融提供了借鉴和参考[55]。董振宁等（2016年）认为供应链融资能缓解中小企业资金链断裂而又融资难的困境，是一种创新的供应链金融模式[56]。黄静思（2014年）分析了不同供应链融资运作模式的特点，运用层次分析和熵权法对不同融资方式的风险进行识别、分析和评价，为企业进行供应链融资运作模式的选择提供了参考[57]。白少布等（2011年）分析了信息不对称情况下的供应链融资运作中的委托代理激励机制[58]。王宗润（2015年）应用博弈论方法，研究了在应收账款融资模式下主体之间收益分配机制[59]。王婷睿（2010年）主要探讨了目前农民贷款难的成因，提出以农产品作为质押物进行供应链融资的可行性，认为利用农产品实现供应链融资可以帮助农户掌握市场经营现状，降低供应链金融风险，解决贷款难题[60]。罗元辉（2011年）认为农业产业供应链融资模式不但能够有效解决农村信用社与农户贷款博弈中长期存在的信息不对称问题，而且能够建立新型合作模式，有效降低监管成本[61]。马九杰等（2011年）通过案例分析，认为订单农业的农业价值链融资模式不但能够有效降低龙头企业经营风险，还能够降低龙头企业信用风险[62]。

（2）供应链信息共享研究综述

随着信息技术、网络经济的形成和快速发展，信息共享已经成为决定供应链管理成败的关键因素[63]。信息共享与企业合作能有效弱化“牛鞭效应”，提高供应链环境下的企业绩效[64～66]。R. Patnayakuni等（2006年）认为信息共享对提升供应链绩效具有重要作用[67]。Chen、Lee、Yu等通过研究发现供应链信息共享能降低供应链总成本、库存成本等[68～70]。Croom、Crepel F、Ferguson等认为信息共享能实现快速响应，减少供应不确定性，正确制定补给策略[71～73]。Huang和Iravani(2007年）指出信息共享及恰当的分配机制有利于减轻由于产能有限而对供应链造成的成本压力[74]。姜荣等（2013年）指出信息共享会提高服务质量水平，也有利于改善供应链上企业间的合作关系[75]。隋博文（2016年）认为可以利用信息技术的技术特性和互联网思维高效安全地实现供应链运作机制系统建构等新的突破[76]。廖诺等（2016年）应用结构方程模型分析了竞合战略对信息共享、创新绩效的影响，研究结果表明：合作成员应重视信息共享的价值，确保信息共享的质量，提升企业绩效[77]。李晓翔等（2017年）基于4种供应链模型，分析不同共享情景下，供应链成本及订货策略的变化，结果表明，信息共享能降低供应链成本，影响订货决策；信息缺失和信息不对称会造成供应链运营效率低下，风险增加[78]。肖美丹等（2016 年）比较了三种信息共享方式下供应链各成员的收益值，分析了额外服务和渠道地位因素对供应链均衡策略的影响[79]。

（3）供应链利益分配研究综述

国内外学者在供应链利益分配机制的研究主要集中在利润分配模型、分配结构等方面。M. Davis 等（1963 年）是最早分析利益分配问题的学者，为早期供应链合作利益分配提供了理论依据[80]。Giannoccaro 和 Pontrandolfo（2004 年）构建了三阶段供应链契约模型，运用收益共享契约对利益分配方案进行了进一步延伸，研究结果表明，通过改变收入共享的契约参数可以对供应链主体的利益进行合理分配，从而使得供应链成员企业能够采取统一的行动[81]。O. D. Palsule-Desai(2011 年）认为价格和利润共享为基础的机制是稳定供应链网络、提高网络效率的关键[82]。Govindan Kannan（2014 年）研究了两级和三级逆向供应链的收入共享契约协调机制[83]。Duca（1998 年）等指出在激烈的市场竞争的条件下，可以通过利益分配的理论模型，来帮助企业间通过合约的优化提升自身和整体的收益[84]。Eppen 和 Iyer（1997 年）构建了随机动态规划模型，研究备份协议供应链利益分配问题，通过研究发现罚金的比例对利润具有一定的影响[85]。Corbett 等（2000 年）认为对供应链成员的利益分配系数的确定，必须要考虑供应链成员企业的业绩和努力程度[86]。Morasch（2000 年）分析了供应链成员企业的利益分配结构，研究了运用委托机制在生产型合作企业中实现价格传递和利益共享[87]。Gavirneni（2001 年）建立了一个生产企业和多个销售商之间的利益分配模型，研究不同利益分配参数对利润分配的影响，提出可以通过库存分配机制来评估利润[88]。Burrows 等（2001 年）通过企业调查，构建了企业利益共享的组织机构，运用模糊理论描述了企业利益共享的内容以及企业内部的激励机制[89]。M. R. Fellenz（2009 年）首先探讨了电子商务环境下利益分配内涵和形式，提出基于电子商务模式的企业利益分配适用形式以及企业利益增长的策略[90]。周艳飞（2016 年）研究了供应链合作伙伴共同进行风险投资的收益分配问题，通过研究提出了一种基于伙伴风险投资额的收益分配比例[91]。

（4）供应链运作机制研究综述

供应链运作机制的研究从供应链融资、供应链信息共享、供应链利益分配三个方面展开，通过文献研究表明这三个方面对于提升供应链绩效都起到非常重要的作用。在供应链融资方面，针对不同类型供应链，分析了不同供应链融资模式对供应链绩效的提升作用，同时也针对供应链融资风险、激励措施等进行了研究，建立的供应链融资机制也是解决农资供应链中存在的一些关键问题。在供应链信息共享方面，明确信息共享机制的建立是保障供应链运作的关键。在供应链利益分配方面，主要是通过建立利益分配模型来解决供应链中的实际问题，参考已有学者研究的内容，结合农资 O2O 供应链特点，建立农资 O2O 供应链利益分配模型。

第③章

传统农资供应链现状与存在问题

3.1 传统农资供应链现状

3.1.1 农资供应现状

（1）黑龙江省农资使用情况

黑龙江省2016年农作物总播种面积1.23亿公顷，农业总产值3063.28亿元，化肥使用量为258.78万吨，同比增长1.3%；农药使用量为8.4万吨，同比增长2.4%；农用塑料薄膜使用量为8.2万吨，同比下降1.2%。黑龙江省2016年农业生产资料指数（上年为100）为101.5，化学肥料生产资料价格指数（上年为100）为101.4，化学农药生产资料价格指数（上年为100）为100.3，农用种子生产资料价格指数（上年为100）为103.0，都呈上升趋势。

统计表明，2016年黑龙江省化肥供应量充足，满足了黑龙江省春耕农资需求。截至2016年3月，黑龙江省化肥到货量142.1万吨，与2015年同期相比略有下降。黑龙江倍丰农资集团化工有限公司2016年3月化肥、农药存货量154万吨，保证了黑龙江省春耕期间化肥的供给。根据向农民调研得到的种植意向储存可供给的四大作物种子达到7.41亿千克，满足了2016年黑龙江省农业生产用种需求。与稳定的农药供货量相比，柴油供应量2016年大幅度上涨，截至2016年3月柴油库存量达到13万吨，同比增长30%，在整个春耕期间一直保持柴油量供大于求的趋势。

黑龙江省共抽检农药化肥生产企业生产的294个批次产品，其中269个批次产品合格，25个批次产品不合格，抽样批次合格率为91.4%。

（2）山东省农资使用情况

山东省地处东部沿海，黄河下游，土地面积15.67万平方千米，耕地1.15亿公顷。地形复杂，平原占55%，山地占15.5%，丘陵占19.4%，湖泊占0.8%，其余占9.3%。山东是全国粮食作物和经济作物的重点产区，素有“粮棉油之库，北方落叶果树王国”之称，2016年农业总产值5099.57亿元，化肥使用量为458.96万吨，同比下降0.98%；农药使用量为14.58万吨，同比下降3.4%；农用塑料薄膜使用量为29.8万吨，同比下降1.2%。山东省2016年农业生产资料指数（上年为100）为99.1，化学肥料生产资料价格指数（上年为100）为100.5，化学农药生产资料价格指数（上年为100）为

101.1，农用种子生产资料价格指数（上年为100）为102.6，整体略有下降，但化肥、农药种子价格呈上升趋势。

山东省是我国农业大省，同时也是化肥等主要农资产品的产销大省。全省化肥年总需求量在1500万标准吨左右，化肥需求量占全国的10%。全省化肥每年的生产总量为1600万～1700万标准吨之间，占全国化肥生产量的1/10以上，根据数据来看，山东省的化肥产品都是供应量大于需求量。从化肥的品种来看，氮肥生产量达到全国的14%，尿素生产量占全国的1/6。由此可以看出，山东省的尿素和氮肥都是供应量大于需求量，而钾肥和高浓度磷复肥，由于省内矿产资源缺乏，主要的来源是依靠省外调入和从国外进口。

山东省2017年一季度部署了缓控释肥料、农用薄膜、农药三类农资产品的监督抽查，共抽查了60家企业生产的60批次产品，产品合格率为95%。2016年先后组织开展了对农用薄膜、植物保护机械、微生物肥料、旋耕机、农药、缓控释肥料、铡草机、通用小型柴油机8类农资产品的监督抽查，共抽查了192家企业生产的204批次农资产品，产品合格率为93.6%。从2016年全年和2017年一季度抽查结果看，山东省农资产品质量总体上是好的。

（3）河南省农资使用情况

河南省2016年农作物总播种面积1.44亿公顷，农业总产值4632.6亿元，化肥使用量为726.58万吨，同比增长1.5%；农药使用量为12.75万吨，同比下降0.9%；农用塑料薄膜使用量为16.05万吨，同比下降0.9%。河南省2016年农业生产资料指数（上年为100）为101.3，化学肥料生产资料价格指数（上年为100）为100.7，化学农药生产资料价格指数（上年为100）为101.4，农用种子生产资料价格指数（上年为100）为102.8，都呈上升趋势。

据报道，2016年1～7月，河南省供销系统储备生产用化肥948.23万吨，同2015年相比减少了8.9%；化学农药2.37万吨，同比减少了10%；农膜2.92万吨，同比减少8.1%。河南省供销社系统农业生产资料供应量自去年以来持续呈下降趋势。

河南省2017年上半年农药、复肥、拖拉机、联合收割机和农膜5种农资产品质量的抽检结果被质量技术监督局公布。在河南省范围内抽检的143家企业生产的188批次农资产品中，有6家企业生产的6批次农资产品不合格，不合格检出率为3.19%。农药、复肥、拖拉机、联合收割机和农膜5种农资产品的抽查合格率分别为96.77%、96.39%、94.45%、100%和100%。

（4）三省农药、化肥等农资使用量情况比较

如图3-1所示，山东省农药使用量最大，其次是河南省，最后是黑龙江省。

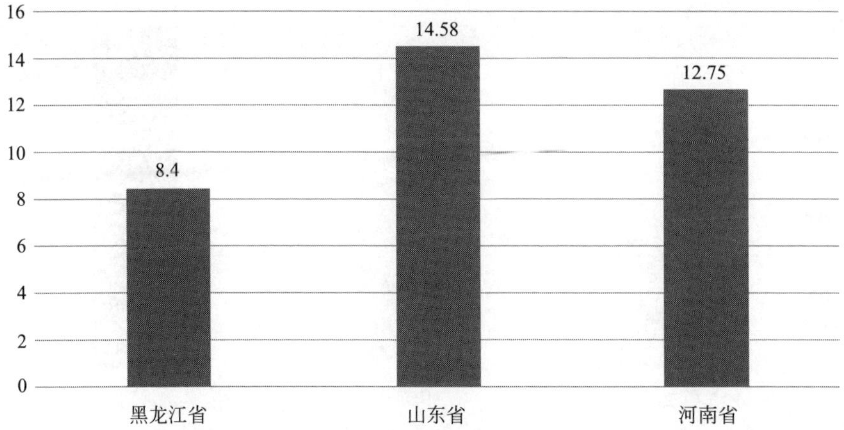

图 3-1 三省农药使用量比较（单位：万吨）

如图 3-2 所示，河南省化肥使用量最大，其次是山东省，最后是黑龙江省。

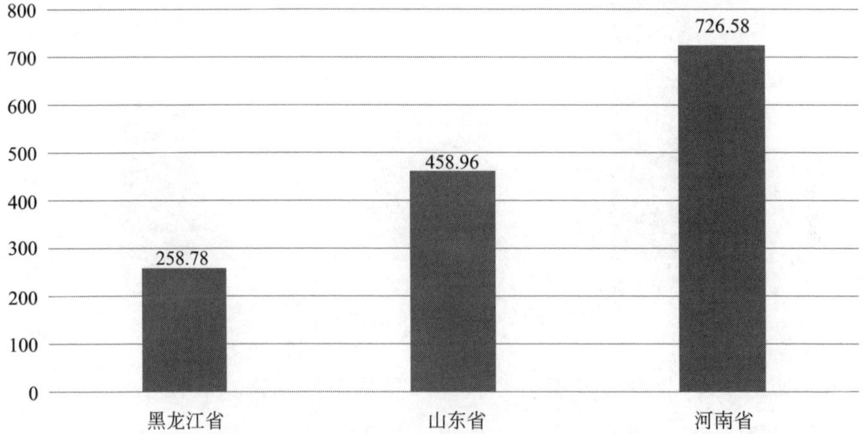

图 3-2 三省化肥使用量比较（单位：万吨）

如图 3-3 所示，河南省农药价格涨幅最大，其次是山东省，最后是黑龙江省。

如图 3-4 所示，黑龙江省化肥价格涨幅最大，其次是河南省，最后是山东省。

3.1.2 农资营销现状

一直以来，我国农资生产经营主体主要是数以亿计的小户、散户，其典型特征是经营规模小、生产方式粗放、地块少而分散。农资流通采取的代理分销

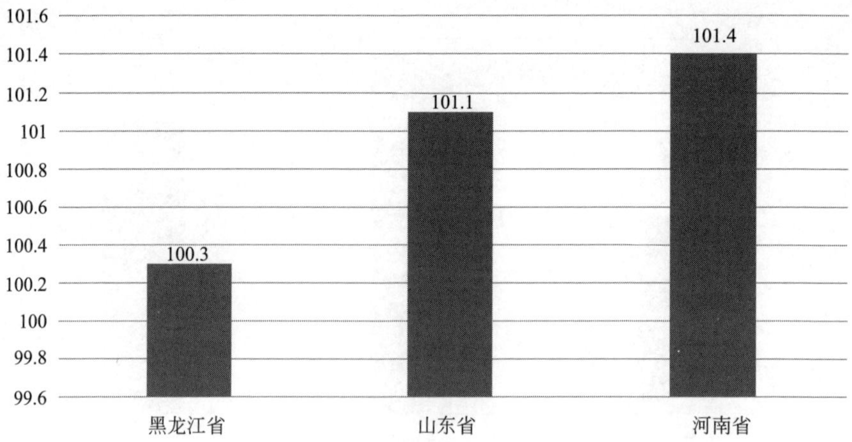

图 3-3　三省农药价格指数比较

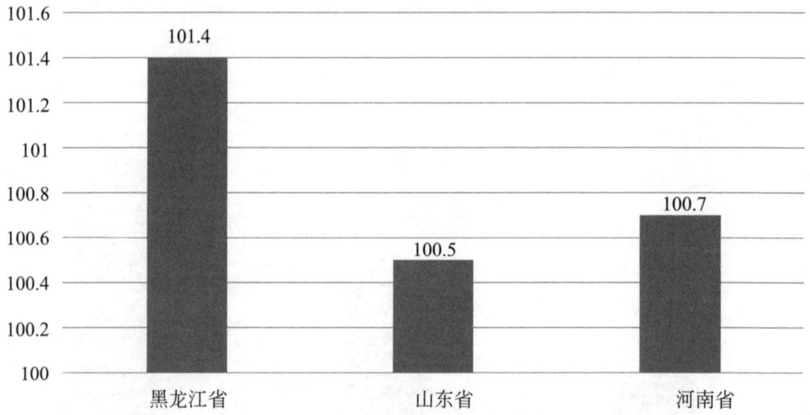

图 3-4　三省化肥价格指数比较

模式也依靠小户、散户发展而来，农资产品从出厂到送达农民手中，需要经过多层渠道商如区域代理商、市县、乡镇、村等。

目前，我国农资流通主体主要由供销系统、中国农业生产资料集团公司、中国中化集团有限公司为代表的大型农资流通央企，以及民营农资流通企业和生产企业所构成，其中供销体系依然占据主要地位，农资流通仍处于相对分散的格局，流通企业近万家。从模式上看，任何农资的最终使用者都为个体农户和种植大户，目前的分销主要以连锁加盟和经销批发为主，连锁加盟企业超过4000家，约占我国农资销售额的20%，这种模式的流通企业对渠道的控制力较强，连锁企业可以实现统一标识，主要销售品牌农资产品，但投入较大，需要自建较多的配送中心，扩张速度较慢，管理难度较高，目前发展顺利的企业并不太多。经销商模式下，虽然渠道控制力较弱，但可以充分利用经销商熟悉当地市场的先天优势，实现区域布局，具有投入小、见效快等特点，是我国农资流通方式的主流，全国注册的45万户农资经营企业中，大部分为中小型经销商及乡村店。

3.1.3 农资物流现状

（1）黑龙江省农资物流基础设施现状

2016年黑龙江省紧随“一三五”交通系列规划，公路和水路交通建设累计完成投资202.1亿元，完成年度目标（200亿元）的101%，比2015年增长了27%。2016年公路、铁路以及水路运输里程分别为14542km、6227km以及5528km，全年货物吞吐量分别为904.8亿吨、606.3亿吨和7.3亿吨。具体运输情况见表3-1。

表3-1 2016年黑龙江省公路铁路和水路运输情况

项目	公路	铁路	水路
总里程/km	14542	6227	5528
货物吞吐量/亿吨	904.8	606.3	7.3

（2）山东省农资物流基础设施现状

2016年是“十三五”的开局之年，山东省交通运输发展的主要目标是，全社会交通建设投资720亿元，比2015年增长11.3%。2016年山东省公路、铁路以及水路总里程分别为266000km、5410km和1600km，货物吞吐量达到25亿吨、1.7亿吨和1.5亿吨，具体情况见表3-2。

表3-2 2016年山东省公路铁路和水路运输情况

项目	公路	铁路	水路
总里程/km	266000	5410	1600
货物吞吐量/亿吨	25	1.7	1.5

（3）河南省农资物流基础设施现状

2016年河南省将焦点放在交通运输扶贫和加快交通基础设施建设上，全省2016年交通运输基础设施建设计划总投资406亿元，其中：高速公路投资116亿元，“米”字形高铁河南境内里程2032km，总投资2564亿元，已建成投用1196km。2016年河南省公路、铁路以及水路总里程分别为6448km、5466.22km和1150km，货物吞吐量达到18.43亿吨、0.96亿吨和1.15亿吨，具体情况见表3-3。

表 3-3　2016 年河南省公路铁路和水路运输情况

项目	公路	铁路	水路
总里程/km	6448	5466.22	1150
货物吞吐量/亿吨	18.43	0.96	1.15

3.1.4　农资金融现状

（1）黑龙江省农资金融情况

为促进农业稳步发展，保护农民种粮积极性，增加农民收入，国家先后针对农业发布了一系列的补贴政策，其中包括农资综合补贴。在 2016 年，国家为了耕地地力保护和维持粮食适度经营将农资综合补贴、粮食直补和良种补贴合合并，称为农业支持保护补贴。据统计，2016 年黑龙江省耕地地力保护补贴标准为 71.45 元/亩（1 亩≈666.67m^2，下同），总受补贴面积 3480 万亩，补贴金总额达到 24.87 亿元，较去年增长 14%，但是即使黑龙江省加大了农业补贴力度，依然很难满足农资消费。黑龙江省 2012～2016 年涉农贷款金额如图 3-5 所示，由图 3-5 可以看出，黑龙江省涉农资贷款金额远远大于国家农业保护补贴，并且由全省近年来涉农贷款金额的趋势可知，未来对农资贷款的需求依然很大。

图 3-5　黑龙江省 2012～2016 年涉农贷款金额

（2）山东省农资金融情况

山东省 2016 年耕地地力保护补贴标准为 125 元/亩，受补贴面积总共为 6034.5 万亩，补贴总额达到 77.66 亿元。而山东省的农资贷款需求依然高涨，山东省 2012～2016 年涉农贷款金额如图 3-6 所示，由图 3-6 可知，山东省涉农贷款远远大于国家补贴金额，且呈上升趋势，农资贷款需求大。

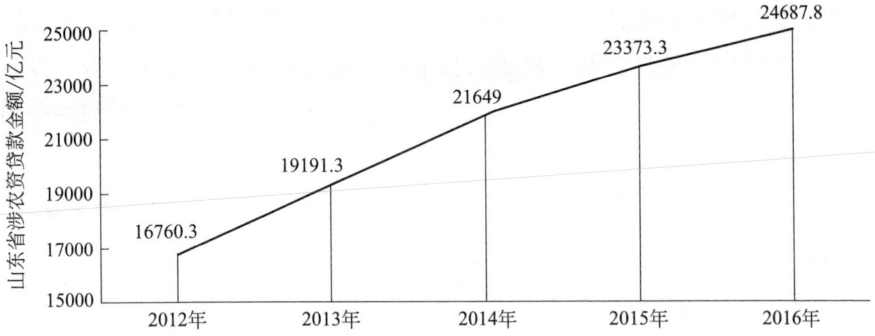

图 3-6　山东省 2012～2016 年涉农贷款金额

（3）河南省农资金融情况

2016 年河南省耕地地力保护补贴标准为 107.6 元/亩，补贴面积为 10627.65 万亩，占全省总耕地面积的 68.88%，总补贴金额达到 11.435 亿元。河南省 2012～2016 年的涉农贷款金额如图 3-7 所示，由图 3-7 可知，农资贷款金额远大于国家补贴，并且农资贷款的数额呈上升趋势，河南省的农资贷款需求也是非常大。

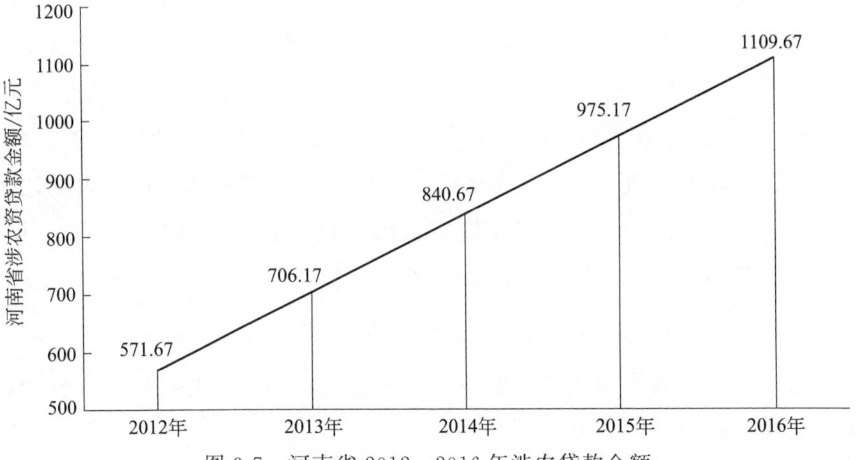

图 3-7　河南省 2012～2016 年涉农贷款金额

3.1.5　农技服务现状

（1）黑龙江省农技服务情况

目前，黑龙江省已形成省、市（地）、县、乡四级推广网络，全省共设立了 67 个县级农业技术推广站，建成了 881 个乡镇综合服务站，占全省乡镇总数的 72.8%，达到五有（办公室、实验室、经营门市部、仓库、试验地）标准；全省专门从事农业技术推广工作的近8000人，大部分村都设立了农民技术员，屯有科技示范户，基本建成以县中心为龙头，以乡镇站为纽带，以农民技术员和科技示范户为依托的全省基层农技推广网络，全省服务功能齐全的合格服务站占综合站总数的65%以上。科技进步因素对农业增长的贡献率从20世纪90年代初的35%，上升到目前的44.5%，接受绿色证书培训的农民有30万人，其中有21万人获得绿色证书。

（2）山东省农技服务情况

山东省目前有农业县（市、区）136个，农业技术推广机构6661个，其中，县级机构1573个（含区域站，平均每个县11.5个），乡级机构5088个（平均每个乡镇2.89个），所占比重分别为23.6%和76.4%；农业技术推广队伍共有在编人员44098人，其中，县级18574人（含区域站，平均每个县116.7人），乡级25542人（平均每个乡镇14.5人），所占比重分别为42.1%和57.9%。

（3）河南省农技服务情况

河南省农业科技推广体系分为省、市、县、乡四级。推广体系的主体是县、乡两级的农业科技推广部门，它们直接为农民服务。截至2016年年底，河南省共有5000多家农业科技推广机构，职工总数5.4万人。其中技术人员占70%，非技术人员占30%，大学以上学历占15%，具有高级职称的占15%。在5000多家农业科技推广机构中，有五家省级推广机构（农技、经作、植保、土肥、种子管理），80多家地市级推广机构，省级和地市级占的比重不到2%；500多家县（市区）农业推广机构（包括农技、植保、土肥、种子、农经、水产等），占10%左右；4000多家乡级农业推广机构，占近90%。

（4）三个省的农技人员情况比较（图3-8）

河南、山东作为人口大省，农技人员也相对较多，黑龙江省人口较少，农技人员也相对较少。

3.1.6 农机作业现状

（1）黑龙江省农机作业情况

黑龙江省是我国农机应用和农机制造业发展最早、基础最好的省份之一，然而，在从计划经济向市场经济转变的过程中，农机企业纷纷倒闭、破产、转产。尽管近两年黑龙江省农机装备产业呈现复苏态势，但与山东、江苏、浙江等省份的快速崛起相比，其发展速度仍然较为缓慢。2011～2016年，黑龙江

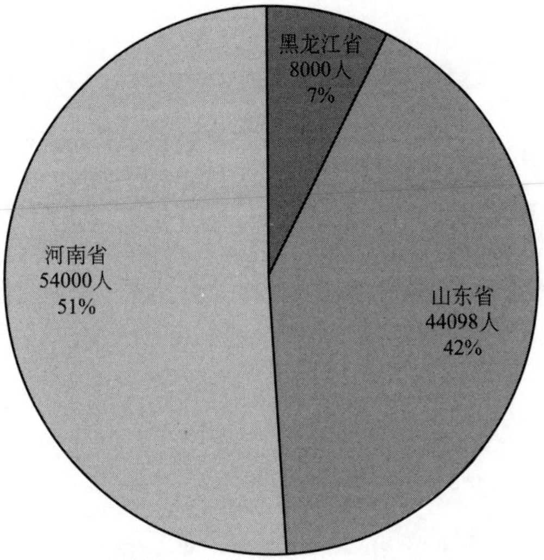

图 3-8　三个省的农技人员情况比较

省大中型拖拉机从 2011 年的 73.21 万台增长到 2016 年的 101.7 万，增长 38.9%；大中型配套农具从 94.66 万台（套）发展到 146.8 万台（套），增长 55.1%；联合收割机从 5.64 万台发展到 12.95 万台，增长 129.6%。

（2）山东省农机作业情况

山东省的农业机械化水平位于全国前列，2011～2016 年，山东省大中型拖拉机从 2011 年的 45.43 万台增长到 2016 年的 55.25 万台，增长 21.6%；大中型配套农具从 94.51 万台（套）发展到 105.8 万台（套），增长 11.9%；联合收割机从 20.1 万台发展到 28.3 万台，增长 40.9%。目前，山东省小麦、玉米的耕、种、收基本实现了机械化，小麦机播、机收和玉米机播水平都超过了 95%，玉米机收最薄弱，也达到了 84%。目前从山东省整体情况来看，其最大短板在经济作物和丘陵山区机械化，最大发展空间也在经济作物和丘陵山区机械化。

（3）河南省农机作业情况

河南省是农机应用大省，农机拥有总量占全国的 1/9。2011～2016 年，河南省大中型拖拉机从 2011 年的 31.07 万台增长到 2016 年的 42.8 万，增长 37.7%；大中型配套农具从 73.2 万台（套）发展到 100.3 万台（套），增长 37.1%；联合收割机从 15.78 万台发展到 26.35 万台，增长 67%。河南省农机化发展走在了全国的前列。

（4）三个省的农机作业情况比较（图 3-9）

黑龙江省的大中型拖拉机最多，其次是山东省，最后是河南省；黑龙江省

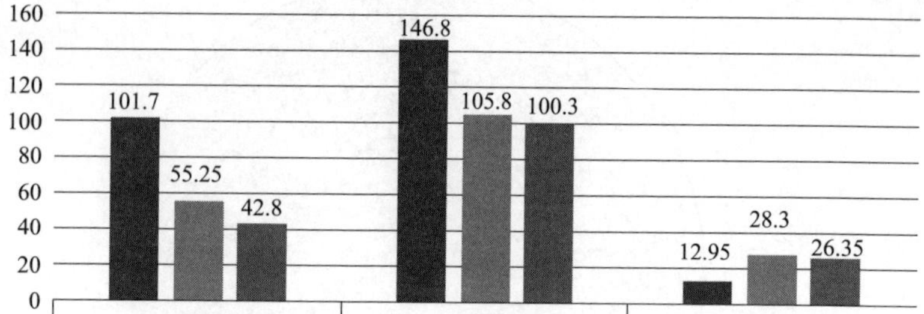

	大中型拖拉机	大中型配套农具	联合收割机
■黑龙江省	101.7	146.8	12.95
■山东省	55.25	105.8	28.3
■河南省	42.8	100.3	26.35

■黑龙江省　■山东省　■河南省

图 3-9　三个省的农机情况比较（单位：万台）

的大中型配套农具最多，其次是山东省，最后是河南省；山东省的联合收割机最多，其次是河南省，最后是黑龙江省。

3.1.7 信息化建设现状

北京、上海、广东、浙江、江苏、福建、山东和天津等东部省市均在我国信息化发展中处于领先地位，其次是中部地区，西部地区相对落后。总体来说，从我国东部沿海地区向西北、西南、东北三个方向，信息化发展水平基本呈现出逐步下降的情况。另外，重庆、安徽、江西、河南、贵州等地的信息化发展水平提升幅度较为显著。

（1）黑龙江省信息化建设

2016 年黑龙江省电信业务总量达到 546.5 亿元，同比增长 19%；邮政业务总量达到 61 亿元，同比增长 17.1%；网民规模达 1822 万人，全年共计新增网民 115 万人。全互联网宽带接入用户达到 556.9 万户，其中农村宽带接入用户为 115.7 万户，同比增长 39.6%；互联网宽带接入端口达到 1641 万个，同比增长 25.4%。

（2）山东省信息化建设

2016 年山东省电信业务总量达到 1510 亿元，同比增长 19%；邮政业务总量达到 289.8 亿元，同比增长 41%；网民规模达 4949 万人，全年共计新增网民 160 万人。全互联网宽带接入用户达到 2574.7 万户，其中农村宽带接入用户为 798 万户，同比增长 32.7%；互联网宽带接入端口达到 5432.6 万个，同比增长 35.7%。

（3）河南省信息化建设

2016 年河南省电信业务总量达到 1516 亿元，同比增长 30.2%；邮政业务总量达到 230 亿元，同比增长 40.5%；网民规模达 3947 万人，全年共计新增网民 244 万人。全互联网宽带接入用户达到 2038 万户，其中农村宽带接入用户为 558.5 万户，同比增长 33.3%；互联网宽带接入端口达到 5213 万个，同比增长 60.8%。

（4）三个省的信息化建设情况比较（表 3-4）

表 3-4 三个省的信息化建设情况比较

省份	网民规模/万人	互联网宽带接入端口/万个	互联网宽带接入用户/万户	农村宽带接入用户/万户	电信业务总量/亿元	邮政业务总量/亿元
黑龙江省	1822	1641	556.9	115.7	546.5	61
山东省	4949	5432.6	2574.7	798	1510	289.8
河南省	3947	5213	2038	558.5	1516	230

山东省的信息化建设程度在三省中最高，其次是河南省，最后是黑龙江省。

3.1.8 传统农资供应链绩效评价

（1）农资供应链绩效评价指标的确立

结合文献资料，建立了农资供应链绩效评价指标，共 30 个具体指标（见表 3-5），在进行纵向实证分析时，选取了近十年的数据进行比较；在进行横向实证分析时，选取了黑龙江省、山东省和河南省与全国平均水平进行比较。由于样本数量较少，不适合使用大样本分析工具。因此，选择使用赋权方法，邀请专家对每个指标的重要性程度进行评分，运用层次分析获得每个指标的权重，最后进行加权求和得出某一年份或某一省份的农资经营服务水平综合得分，从而进行分析和评价。

表 3-5 传统农资供应链评价指标体系

A 层	B 层	C 层
传统农资供应链绩效	农业生产资料供应服务水平 B1	农业生产资料质量 C1
		农业生产资料价格稳定程度 C2
		农业生产资料供应满足需求的程度 C3

续表

A层	B层	C层
传统农资供应链绩效	科技服务水平 B2	科技投入水平 C4
		科技人员比率 C5
		科技服务效果 C6
	金融服务水平 B3	贷款总额增长率 C7
		贷款占各项贷款比率 C8
		获得贷款农户比率 C9
		农户贷款数额占农户所需资金比率 C10
		贷款利息支出比率 C11
		保险参保农户比率 C12
		保险赔付率 C13
	信息服务水平 B4	信息化建设投入水平 C14
		信息网络使用率 C15
		邮政通信比率 C16
		电信通信比率 C17
	农机作业服务水平 B5	农机作业服务组织覆盖率 C18
		农机维修点覆盖率 C19
		农业机械装备水平 C20
		农机作业服务满足需求的程度 C21
		农机户增收程度 C22
	产后服务水平 B6	参与产业化经营的农户比率 C23
		从事产业化经营组织的覆盖率 C24
		产业化经营对农户增收的贡献程度 C25
		农产品供应便利程度 C26
		农民专业合作组织为农户供应农产品比率 C27
	物流服务水平 B7	物流主体基本建设投入水平 C28
		物流辐射能力 C29
		道路建设水平 C30

（2）农资供应链绩效评价指标权重的确定

运用层次分析进行农资经营服务体系指标权重的确定。走访调研了黑龙江、山东、河南等粮食主产区的重要农资企业，对其进行访谈和问卷调查，包括经营化肥企业 16 家、农药企业 10 家、农机具及农技服务企业 7 家、农资物流企业 1 家，邀请企业专家及管理人员对各指标的重要性程度进行打分，构建两两比较判断矩阵，计算得出各个层次的权重（表 3-6），并进行一致性检验，结果均具有满意一致性。

表 3-6 传统农资供应链绩效评价各评价指标的权重

A层	B层	C层
传统农资供应链绩效评价	农业生产资料供应服务水平 B1(0.2495)	农业生产资料质量 C1(0.0499)
		农业生产资料价格稳定程度 C2(0.1498)
		农业生产资料供应满足需求的程度 C3(0.0499)
	科技服务水平 B2(0.3606)	科技投入水平 C4(0.2254)
		科技人员比率 C5(0.0860)
		科技服务效果 C6(0.0492)
	金融服务水平 B3(0.0656)	贷款总额增长率 C7(0.0164)
		贷款占各项贷款比率 C8(0.0058)
		获得贷款农户比率 C9(0.0033)
		农户贷款数额占农户所需资金比率 C10(0.0246)
		贷款利息支出比率 C11(0.0021)
		保险参保农户比率 C12(0.0101)
		保险赔付率 C13(0.0033)
	信息服务水平 B4(0.0414)	信息化建设投入水平 C14(0.0261)
		信息网络使用率 C15(0.0098)
		邮政通信比率 C16(0.0021)
		电信通信比率 C17(0.0034)
	农机作业服务水平 B5(0.0276)	农机作业服务组织覆盖率 C18(0.0073)
		农机维修点覆盖率 C19(0.0009)
		农业机械装备水平 C20(0.0018)
		农机作业服务满足需求的程度 C21(0.0141)
		农机户增收程度 C22(0.0036)
	产后服务水平 B6(0.1545)	参与产业化经营的农户比率 C23(0.0155)
		从事产业化经营组织的覆盖率 C24(0.0309)
		产业化经营对农户增收的贡献程度 C25(0.0309)
		农产品供应便利程度 C26(0.0155)
		农民专业合作组织为农户供应农产品比率 C27(0.0618)
	物流服务水平 B7(0.1007)	物流主体基本建设投入水平 C28(0.0641)
		物流辐射能力 C29(0.0260)
		道路建设水平 C30(0.0105)

（3）农资供应链绩效评价

为了更好地掌握农资经营服务发展的程度，了解各项农资服务水平的变化趋势，以便确立今后农资经营服务体系发展的重点和方向，本部分研究将对我国农资经营服务体系近十年的服务水平进行分析和评价，研究数据相关情况见表 3-7。

表 3-7 数据来源与数据缺失一览表

项目	名称
来源年鉴	《中国统计年鉴》《中国农业年鉴》《中国农村统计年鉴》《中国农业发展报告》《中国农业机械化年鉴》等
来源网站	中华人民共和国国家统计局、中华人民共和国水利部、中华人民共和国农业部等权威网站
缺失数据	生产资料供应满足需求的程度、贷款数额占农户所需资金比率、保险参保农户比率、农机作业服务满足需求的程度、农产品供应便利程度、农民专业合作组织为农户供应农产品比重

本研究所用数据，一些需要计算得出，一些则可以直接获取，数据获取方法见表 3-8。

表 3-8 数据处理

指标	数据处理
C1	农业生产资料质量，用农用产品（包括拖拉机、农用化肥、化学农药、饲料、农用薄膜、种子）商品批次合格率表示，单位为%
C2	农业生产资料价格稳定程度，用农业生产资料价格总指数表示，上年=100
C3	农业生产资料供应满足需求的程度，数据缺失
C4	科技投入水平，用农业科技三项费用金额表示，单位为亿元
C5	科技人员比率，用每千户农民拥有科技人员数量表示，单位为人/千户。计算公式：科技人员比率=(农业科技人员数量×1000)/乡村户数
C6	科技服务效果，应该用农业科技成果转化率、农业科技推广水平等指标来综合衡量，但由于这些指标没有全国统一统计数据，因此这里选择与农业科技服务效果最直接相关的谷物单产增长率作为衡量依据，单位为%。计算公式：谷物单产增长率=(*A*+1 年谷物单产−*A* 年谷物单产)/*A* 年谷物单产×100%
C7	贷款总额增长率，单位为%。计算公式：*A* 年农业贷款总额增长率=(*A*+1 年农业贷款总额−*A* 年农业贷款总额)/*A* 年农业贷款总额×100%
C8	农业贷款占各项贷款比率，用农业贷款占金融机构人民币各项贷款的比率表示，单位为%
C9	获得贷款农户比率，用获得小额信用贷款和联保贷款的农户比率表示，单位为%
C10	贷款数额占农户所需资金比率，数据缺失
C11	贷款利息支出比率，用农业贷款利息占农户家庭经营总支出的比率表示，单位为%。这里假定农户贷款均为一年短期贷款，贷款金额 5000 元，利率以年初利率为基准计算。计算公式：农业贷款增加农户成本支出比率=农业贷款利息/农户家庭经营总支出
C12	保险参保农户比率，数据缺失
C13	保险赔付率，用农业保险赔款及给付金额占农业保险保费的比率表示，单位为%。计算公式：保险赔付率=农业保险赔款及给付金额/农业保险保费
C14	信息化建设投入水平，用农业信息传输、计算机和软件开发投入表示，单位为亿元
C15	信息网络使用率，用每百户农村家庭计算机拥有量表示，单位为台/百户
C16	邮政通信比率，用已通邮的行政村比率表示，单位为%

续表

指标	数据处理
C17	电信通信比率，用已通电话的行政村比率表示，单位为%
C18	农机作业服务组织覆盖率，用每个村拥有农机作业服务组织的数量表示，单位为个/村。计算公式：农机作业服务组织覆盖率=农机作业服务组织数量/村个数
C19	农机维修点覆盖率，用每个村拥有农机维修点的数量表示，单位为个/村。计算公式：农机维修点覆盖率=农机维修点数量/村个数
C20	农业机械装备水平，用农业机械总动力表示，单位为万千瓦
C21	农机作业服务满足需求的程度，数据缺失
C22	农机户增收程度，用农机作业合作社增加农民收入绝对数表示，单位为元
C23	参与产业化经营的农户比率，用参与产业化经营的农户占农户总数的比率表示，单位为%
C24	从事产业化经营组织的覆盖率，用每个村拥有的从事产业化经营的各类企业、中介服务组织等的数量表示，单位为个/村
C25	产业化经营对农户增收的贡献程度，用从事产业化经营的农户每年增收的绝对数表示，单位为元
C26	农产品供应便利程度，数据缺失
C27	农民专业合作组织为农户供应农产品比率，数据缺失
C28	物流主体基本建设投入水平，用基本建设投资额表示，单位为亿元
C29	物流辐射能力，用有效辐射面积表示，单位为 km
C30	道路建设水平，用农村通公路行政村比重表示，单位为%

各指标具体数值见表 3-9。

表 3-9 各指数值

项目	2007 年	2008 年	2009 年	2010 年	2011 年	2012 年	2013 年	2014 年	2015 年	2016 年
C1	73.95	71.23	76.85	75.95	77.38	80.26	81.75	83.43	84.08	85.01
C2	95.81	99.11	99.11	100.51	101.41	110.61	108.31	101.51	107.70	120.30
C3	—	—	—	—	—	—	—	—	—	—
C4	9.11	9.72	10.34	9.97	12.45	15.67	19.61	21.27	25.06	35.74
C5	2.746	2.776	2.762	2.716	2.756	2.821	2.797	2.762	2.737	2.772
C6	−0.161	3.882	0.988	1.770	−0.247	6.443	0.732	1.627		
C7	7.7	2.1	16.7	20.6	22.1	17.1	17.2	14.6	16.8	14.2
C8	5.2	4.8	5.0	5.2	5.3	5.6	5.8	5.8	5.8	5.9
C9	39.2	41.3	43.5	46.1	54.6	68.1	60.2	57.7	61.1	62.4
C10	—	—	—	—	—	—	—	—	—	—
C11	53.4	44.6	43.1	36.2	35.2	28.8	23.6	23.7	22.4	21.9
C12	—	—	—	—	—	—	—	—	—	—
C13	77.6	75.1	100.1	80.2	60.3	75.2	85.6	75.2	56.7	57.8
C14	6.7	8.2	10.2	12.4	15.2	19.6	20.3	103.7	28.8	31.3

续表

项目	2007年	2008年	2009年	2010年	2011年	2012年	2013年	2014年	2015年	2016年
C15	0.02	0.50	0.68	1.11	1.42	1.91	2.12	2.71	3.71	5.42
C16	79.30	78.60	77.70	97.81	97.97	97.72	98.95	99.41	98.30	98.51
C17	80.11	83.72	85.31	87.92	89.92	91.17	94.41	95.89	96.73	96.91
C18	35.2	36.4	39.2	42.3	44.7	46.5	49.1	50.7	52.8	53.1
C19	0.191	0.211	0.222	0.324	0.337	0.344	0.347	0.351	0.352	0.356
C20	48996.2	52573.7	55173.2	57928.8	60386.6	64028.7	68397.9	72522.2	76588.7	82191.3
C21	—	—	—	—	—	—	—	—	—	—
C22	2001.1	2039.3	2235.1	2478.3	2520.1	2508.7	2602.2	2677.1	2791.2	2804.7
C23	15.1	17.7	20.3	25.8	28.1	30.6	32.3	36.8	38.7	40.1
C24	0.043	0.067	0.087	0.102	0.111	0.156	0.176	0.211	0.231	0.291
C25	801	946	902	1002	1101	1202	1337	1487	1648	1796
C26	—	—	—	—	—	—	—	—	—	—
C27	—	—	—	—	—	—	—	—	—	—
C28	536.6	580.2	557.9	704.7	681.8	784.6	747.7	793.8	944.8	1088.1
C29	46158.3	47821.2	47248.3	48354.8	49013.2	50477.3	52028.3	54751.4	56517.2	58472.6
C30	87.6	89.8	91.6	92.4	91.8	92.8	94.2	95.6	96.9	98.1

出于对有6项数据缺失的考虑，对专家的打分进行重新整理计算得到C层权重，见表3-10。

表3-10　农资供应链绩效评价C层指标重要性排序

指标代码	评价指标	层次单排序		层次总排序	
		权重	排序	权重	排序
C1	农业生产资料质量	0.3247	2	0.0810	4
C2	农业生产资料价格稳定程度	0.6753	1	0.1686	2
C4	农业科技投入水平	0.6250	1	0.2254	1
C5	科技人员比率	0.2385	2	0.0860	3
C6	科技服务效果	0.1365	3	0.0492	8
C7	贷款总额增长率	0.7393	1	0.0485	9
C8	贷款占各项贷款比率	0.1372	2	0.0090	16
C9	获得贷款农户比率	0.0519	3	0.0034	18
C11	贷款利息支出比率	0.0198	5	0.0013	23
C13	保险赔付率	0.0518	4	0.0034	19
C14	信息化建设投入水平	0.6303	1	0.0261	11
C15	信息网络使用率	0.2366	2	0.0098	15
C16	邮政通信比率	0.0514	4	0.0021	22
C17	电信通信比率	0.0818	3	0.0034	20
C18	农机作业服务组织覆盖率	0.6522	1	0.0180	13
C19	农机维修点覆盖率	0.0326	4	0.0009	24

续表

指标代码	评价指标	层次单排序		层次总排序	
		权重	排序	权重	排序
C20	农业机械装备水平	0.0797	3	0.0022	21
C22	农机户增收程度	0.2355	2	0.0065	17
C23	参与产业化经营的农户比率	0.2000	3	0.0309	10
C24	从事产业化经营组织的覆盖率	0.4000	1	0.0618	6
C25	产业化经营对农户增收的贡献程度	0.4000	2	0.0618	7
C28	物流主体基本建设投入水平	0.6370	1	0.0641	5
C29	有效辐射水平	0.2583	2	0.0260	12
C30	道路建设水平	0.1047	3	0.0105	14

由于每个指标的数值量纲各异，数值间有较大差异，为了方便比较，特将各指标值进行归一化处理，处理后的值称为各指标的评价值 D_{ij}

$$D'_{ij}=\frac{D_{ij}-\min(D_{ij})}{\max(D_{ij})-\min(D_{ij})} \tag{3-1}$$

整理得出的数值，见表 3-11。

表 3-11　农资供应链绩效评价各指标纵向评价值

项目	2007 年	2008 年	2009 年	2010 年	2011 年	2012 年	2013 年	2014 年	2015 年	2016 年
C1	0.196	0	0.408	0.343	0.446	0.654	0.763	0.885	0.932	1.000
C2	1.011	0.837	0.836	0.771	0.728	0.342	0.432	0.723	0.456	0
C4	0	0.023	0.045	0.031	0.125	0.247	0.393	0.457	0.598	1.000
C5	0.298	0.560	0.431	0	0.392	1.000	0.776	0.431	0.216	0.534
C6	0.014	0.618	0.185	0.302	0	1.000	0.146	0.280	0.065	0.677
C7	0.287	0	0.734	0.917	1.000	0.742	0.747	0.624	0.734	0.608
C8	0.200	0	0.200	0.300	0.400	0.600	1.000	1.000	1.000	0.900
C9	0	0.074	0.151	0.234	0.538	1.000	0.722	0.639	0.721	0.757
C11	0	0.134	0.189	0.328	0.363	0.597	0.883	0.884	0.971	1.000
C13	0.481	0.423	1.000	0.538	0.077	0.423	0.670	0.424	0.000	0.031
C14	0	0.016	0.034	0.057	0.084	0.132	0.137	1.000	0.227	0.254
C15	0	0.091	0.127	0.201	0.257	0.351	0.387	0.497	0.686	1.000
C16	0.084	0.051	0	0.928	0.936	0.922	0.981	1.000	0.953	0.958
C17	0	0.213	0.311	0.463	0.587	0.661	0.852	0.941	0.992	1.000
C18	0	0.068	0.213	0.401	0.526	0.638	0.772	0.861	0.982	1.000
C19	0	0.122	0.181	0.807	0.886	0.938	0.957	0.971	0.977	1.000
C20	0	0.109	0.187	0.268	0.342	0.452	0.583	0.708	0.832	1.000
C22	0	0.048	0.291	0.596	0.645	0.632	0.748	0.842	0.982	1.000
C23	0	0.103	0.217	0.427	0.522	0.627	0.697	0.867	0.953	1.000
C24	0	0.086	0.172	0.229	0.267	0.452	0.534	0.676	0.757	1.000

续表

项目	2007年	2008年	2009年	2010年	2011年	2012年	2013年	2014年	2015年	2016年
C25	0	0.148	0.100	0.202	0.301	0.402	0.537	0.687	0.853	1.000
C28	0	0.078	0.041	0.302	0.261	0.447	0.382	0.467	0.631	1.000
C29	0	0.126	0.206	0.226	0.162	0.249	0.351	0.489	0.631	1.000
C30	0	0.191	0.411	0.458	0.419	0.514	0.648	0.761	0.887	1.000

根据已确定的各指标的权重，对基础评价值进行加权求和，可得各年农资经营服务水平的综合评价得分，见表3-12。

表3-12 近10年我国农资供应绩效综合评价得分

项目	2007年	2008年	2009年	2010年	2011年	2012年	2013年	2014年	2015年	2016年
供应服务	0.739	0.565	0.698	0.631	0.637	0.444	0.540	0.776	0.611	0.575
科技服务	0.073	0.232	0.157	0.061	0.172	0.429	0.451	0.426	0.435	0.645
金融服务	0.265	0.028	0.633	0.765	0.833	0.717	0.780	0.671	0.736	0.634
信息服务	0.004	0.051	0.077	0.169	0.210	0.268	0.299	0.477	0.435	0.527
机作服务	0.000	0.068	0.228	0.450	0.550	0.631	0.757	0.847	0.970	1.000
产后服务	0.000	0.114	0.152	0.258	0.332	0.467	0.568	0.719	0.834	1.000
物流服务	0.000	0.103	0.121	0.299	0.252	0.403	0.401	0.523	0.510	0.575
服务总水平	0.228	0.259	0.317	0.319	0.376	0.490	0.510	0.613	0.604	0.732

通过各项数据对比，2007～2016年期间，我国农资经营服务水平呈明显上升趋势，我国一直大力倡导发展现代化农业，为提高农资经营服务水平的基本国策做出了巨大贡献，同时说明了外在利好环境对农资经营服务的促进作用。但从各项服务水平的变化情况来看，除机作服务、产后服务、信息服务水平在稳定提升外，2014～2016年农资供应大幅度下降，并且在这十年间农资科技、金融、物流服务都有不同程度的波动，外在环境的变化正是造成不同农资经营服务的波动的原因。

3.2 传统农资供应链存在问题

通过供需对比分析，传统农资经营服务存在以下几个方面的问题。

（1）农资服务供需矛盾突出

由于农资产品的特殊性，其对使用有着很强的技术要求，因此提供线上线下一体化的农技服务尤为重要，单纯地把线下销售搬到线上是没有意义的。现有服务站提供的服务不够全面，大部分现有服务站只进行代买、代卖等服务，但对于农资的电子交易来说，因为农资投资额大、使用过程中需要技术指导，资金安全的问题不再是电子交易中存在的唯一问题，农资产品的安全性较差以及缺乏售后技术服务的提供也成为电子交易中存在的问题。一旦出现问题，如何妥善解决问题，这些都需要服务站在线下进行协调。

（2）农户贷款难

农户由于受传统思想的束缚，抵押品有限，又没有适合的担保人，故获贷的款项有限，同时手续烦琐、利息偏高、贷款时间短，这一系列原因导致了农户在资金短缺时往往选择向亲戚朋友借款而不愿向银行、金融机构贷款。

（3）农资物流成本高，效率低下

目前我国农村物流体系相对落后，缺乏仓库、铁路专用线等基础设施，缺乏专业性、现代化、大型的物流企业，因此物流体系不够健全，运力资源难以整合。物流的信息化、自动化程度不高；农资物流基础设施整体水平不高，条件落后的旧仓库仍在使用，影响专业化水平的提高；物流领域新技术、新装备应用较少；以客户为中心的服务理念还尚未形成，难以为客户提供系列化、全过程的物流服务；企业管理不理想，物流成本居高不下；再加上由于运输、信息等服务设施不配套，耽误了农资产品送到农户手中的时效，以至于无法提供良好的客户服务。另外，在购买高峰期容易出现订单积压的现象，从而不能将农资及时送达客户手中，物流水平跟不上交易平台的要求。

（4）不同农资服务主体间缺乏有效的交互

多种农资经营服务主体、渠道的交叉、覆盖，使得农资经营服务市场非常混乱，行业的规划和配置不规范，加大了不同主体的负担，加剧了行业竞争，导致了农资供应链效率低下，各方获得的利益与付出的努力不相称。

第④章

传统农资供应链到农资O2O供应链演进

4.1 传统农资供应链

4.1.1 传统农资供应链结构

目前我国农资生产企业分布呈小规模、高分散的形式。农资企业经过多年的发展，已经在农村建立了较为完善的分销渠道和物流渠道。传统农资供应链采取“生产商-省、市级销售商-县级经销商-村级零售商-农户”的组织形式。链条中的节点企业多以中小企业为主，经营规模小，在农资质量保证方面缺乏有效手段。而且，由于农户、零售商资金有限，传统农资供应链在实际运作过程中经常以赊销的方式解决农资采购。农资零售商向其上一级经销商赊销，农户再向农资零售商赊销，等农户获得收益将欠款还给农资零售商后，农资零售商再将欠款还给上一级经销商。传统农资供应链结构如图 4-1 所示。

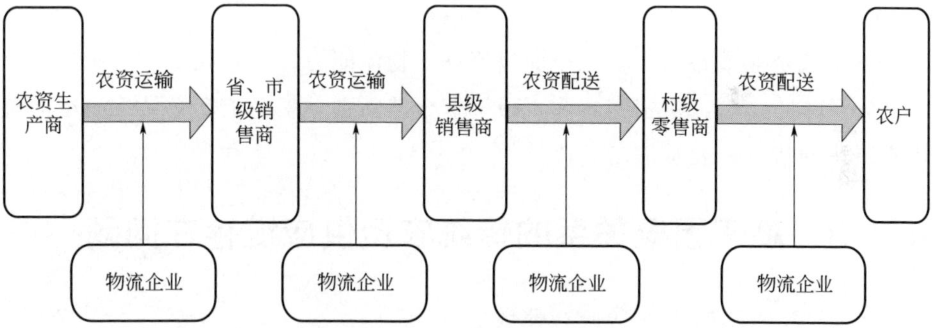

图 4-1 传统农资供应链结构

4.1.2 传统农资供应链因果关系分析

传统农资供应链因果关系如图 4-2 所示。

由图 4-2 可以看出正向反馈和负向反馈如下。

① 正向反馈 1：农资需求→＋经销商库存→＋批发商库存→＋生产商库存。

② 正向反馈 2：农资需求→＋赊销需求→＋赊销销售收入→＋资金链断裂→＋批发商赊销→＋生产商赊销。

③ 正向反馈 3：农资需求→＋零售商库存→＋经销商库存→＋物流服务需

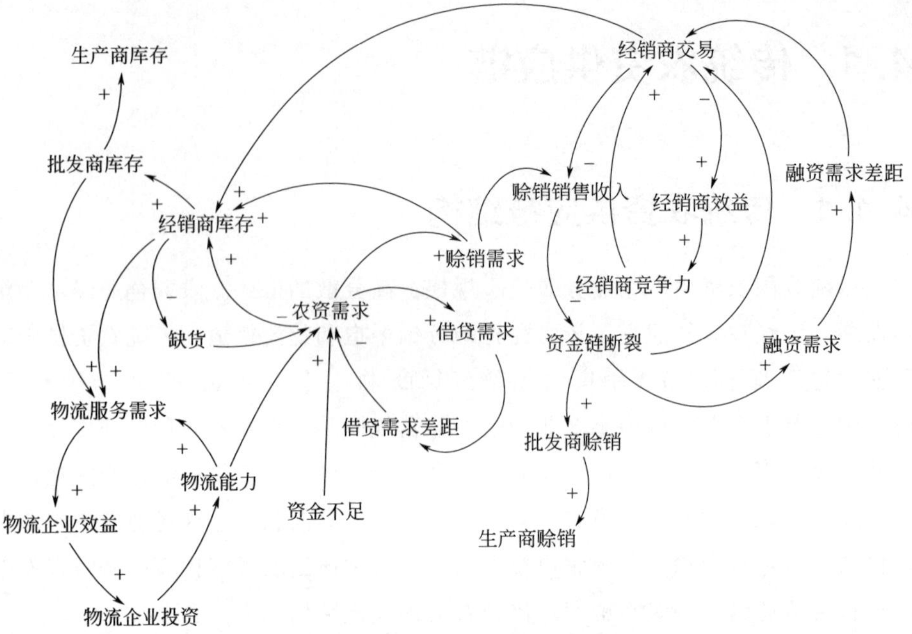

图 4-2 传统农资供应链因果关系

求→+物流企业效益→+物流企业投资→+物流能力。

④ 负向反馈 1：赊销销售收入→－资金链断裂→+经销商交易→+经销商库存→+缺货→+农资需求。

4.1.3 基于因果关系的传统农资供应链存在问题

（1）信息不对称导致库存量大

由正向反馈 1 可知，农户对农资需求量直接影响到经销商库存和批发商库存，农户对农资的需求量一旦加大或随季节发生变化，农资零售商、经销商、销售商与生产商之间由于信息不对称，使得农资需求不断加速放大，导致各级的农资库存量大，库存成本高，供应链成本高。参考文献研究和布瑞克农业数据终端表明，农资特别是化肥和农药在农户实际需求中具有间断不连续的特性，而该种特性将放大信息不对称造成的不利影响。

（2）资产流动性差

由正向反馈 2 可知，农户与农资零售商之间多采用赊销方式，而零售商与经销商之间也采用赊销方式，资金流动性差且效率低；由负向影响 1 可知，一旦农户、零售商不能及时还款，经销商资金链就会出现断裂，而且由于经销商通常规模小或缺乏信用支撑，存在着贷款难、获批率低的问题，直接影响到经销商交易，从而影响经销商库存，最终导致不能按时发货，影响农户对农资的需求。

（3）多级分销使得农资价格高

农资市场经过多年发展，农资产品的价格已经非常透明，但价格高仍然是非常显著的问题，虽然国家出台了“尿素产品增值税优惠政策”“磷酸二铵补贴专项政策”“农用化肥运价优惠政策”“化肥生产加工企业电价优惠政策”等，但由于流通环节多，农资销售和运输成本高导致农资产品价格上涨。农资销售链条长，涉及批发商、零售商等多个层级，数量也较多，而且每一个层级均会加价，使得农业生产资料价格偏高，农户承担不起农资的成本，这样的问题非常具有普遍性。

（4）缺少配套的农技指导服务

由于部分农资经销商对农资产品不了解，无法在购买时给予农户明确的指导，导致农户选购的农资无法对症下药；而且在使用过程中一旦出现问题，也无法得到相应的农技服务。除此之外，一些农资经营的配套服务，诸如农资配送、农资贷款等都不到位，导致农资产品卖不上量，使农资产能过剩矛盾突出，企业利润低下，农户满意度低。

（5）物流运行效率低下

目前我国农村物流体系落后，仓库、铁路专用线等基础设施匮乏，缺乏专业性、现代化、大型的物流企业，物流资源不成体系，运力资源很难整合，效率低下。而且，农资交易频率低，价格波动大，仓储和资金使用规模大，物流成本高。

4.1.4 传统农资供应链向农资 B2C 供应链演进分析

（1）农资电商能缓解传统农资供应链的存在问题

农资电商平台具有极大的营销和成本优势，农户通过电商平台，可以以较低的成本购买安全、高效的农药和化肥。农资企业可以推出新型农资产品，可短时间内占领全国各区域的市场。农资电商的快速发展能够解决传统农资供应链存在的诸多问题。

（2）互联网快速发展提升了农村网民规模

从 2003 年开始，我国互联网一直处于高速发展，保持着 100%的年复合增长率。随着农户和农民收入水平的提升，促使农户购买力快速提升，且我国网络销售支付平台高速发展，越来越多的农民通过网购来获取他们需要的商品，农村网购订单增长率上涨趋势明显，主要集中在日用品、服装、家电等品类。据统计到2013年止，农村网民规模达到1.77亿，农村网民网络购物使用率为31.1%，同比增加了2.1%，用户规模为5485万，增加了970万人，年增长21.5%，但与城镇使用率相比仍然低了24.1%，如图4-3所示。农村居民对网购接受率达84.41%，农村网民规模的增大为农资电商的发展提供了契机。

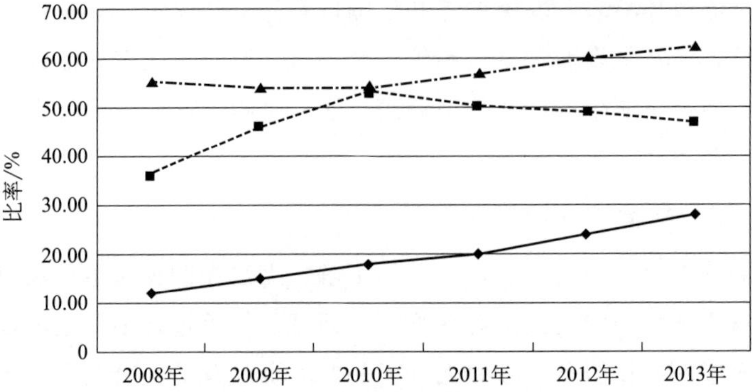

图4-3　互联网普及情况分析

农村互联网普及率；城镇互联网普及率；乡村人口比

（3）国家政策、基础建设带动农资电商发展

随着互联网快速发展，自2014年开始在国家每年发布的中央一号文件都提出“互联网＋农业”发展要求，国家政策的发布推动了农业互联网发展。国家非常重视农资物流和农资信息化建设。2014年我国大致完成了“村村通邮”的任务，已在全国多村建立起了通邮站约为21.8万个；乡镇快递网点的覆盖程度高达3/4，农村快递网点近10万个。移动、电信和联通三大通信运营商一直致力于农村移动通信网络建设，2014年三家通信企业共完成了198.07万户的固定互联网宽带农村投入量，固定互联网宽带的覆盖率增加至一半，行政村通宽带比的未覆盖率仅为5%左右。中国移动2014年年底在农村建设基站105.2万个，基本实现了2G百分百全覆盖，4G覆盖率达到70%。电信天翼3G的普及率高达86%，近54万个行政村都能覆盖到；天翼4G网络覆盖全国所有发达乡镇。物流和信息化设施的完善为农资电商的发展提供了强有力的保障。

（4）企业投资建设农资电商平台

农业互联网的发展推动了农资电商的发展，有了国家政策和基础建设的大力支持，以及农村网民规模的不断增长，芭田股份、司尔特、史丹利、心连心、金正大、新希望、龙灯化学、中农控股等老牌农资企业开始投入建设农资电商平台，面向终端用户进行农资销售，上述企业主要生产和销售自产的化肥和农药产品。在电商平台前，本身就有很强的品牌效应，因此其投资建设农资电商平台具有极大的成本优势，农户通过农资企业自建的电商平台，了解、学习农资产品信息和购买农资产品，并且农户可以根据电商平台配送信息掌握农资实时运输情况，可有效地计划农作物生产，农户可以以较低的成本购买安全、高效的农药和化肥。

4.2 农资 B2C 供应链

B2C 电子商务模式是指消费者通过互联网平台与企业之间完成商品或服务交易的一种商务模式。通常由企业、电商平台和消费者三个要素构成。B2C 电子商务模式的具体操作流程包括三个步骤：第一步，消费者先通过电子商务平台浏览、搜索、选择并购买商品，直接对商品进行付款，商品的款项一般都交由第三方支付平台进行保管；第二步，卖方按照消费者购买的商品，以及消费者提供的收货地点进行物流配送，货物送到后由消费者确认收货；第三步，消费者确认收货后，商品的款项再由第三方转入卖方账户内，那么所有的商品交易流程结束。

B2C 电子商务模式一般分为垂直型和平台型。垂直型 B2C 电子商务模式一般都是由企业自己建立电子商务网站，平台上销售的所有商品都是企业自己生产或自行采购的商品。平台型 B2C 电子商务模式是建立电子商务平台的企业本身不参与买卖，建立平台的主要目的是为了吸引多种品牌企业入驻，并对入驻的企业进行统一销售管理和支付管理的一种模式。

4.2.1 电子商务对农资供应链的影响分析

电子商务的发展，能促进供应链信息流、资金流、物流的有机整合，更好地了解消费者需求，降低供应链成本。

（1）电子商务能促进供应链信息流整合

供应链上涉及的信息类型较多，主要包括业务信息、财务信息和管理信息。业务信息一般与供应链流程操作等方面有关，都是比较具体的信息，是供应链信息的基础；财务信息通常是指供应链上资金流动、使用的一些数据信息；管理信息是供应链上下游之间合作而需要共享的信息。电商平台的出现，能够帮助供应链信息流整合，加快供应链节点企业间信息循环，促进供应链上节点企业更好地实现信息共享。

（2）电子商务能促进供应链资金流整合

随着供应链上的节点企业与供应链外部其他企业之间的信息流动的越来越高效化，供应链上的节点企业可以借助电商手段实现资金往来，加快企业间交互速度，加快供应链的交易循环，最终使得供应链上企业可以及时了解客户的需求以及供应商的供货情况，并且及时了解顾客的反馈信息。

（3）电子商务能促进供应链产品流整合

电子商务的出现，会使更多的大、中、小型供应商选择电子商务平台进行产品销售，消费者通过电商平台能方便、快速地浏览大量商品，比传统到商店去购买容易得多。消费者一旦选择商品后，线下物流企业就会及时提供物流配送服务，将消费者购买的商品及时配送到家，实现了产品线上线下的有机融合。电子商务的发展改变了供应链节点企业间的业务流程，很多企业在应用了电子商务技术之后，经营流程、销售流程、服务流程得到整合，促进供应链节点企业形成良好的合作关系，有利于供应链整体配合，从而使供应链的运作效率得到大幅度提高。

（4）电子商务能帮助供应链更好地了解消费者需求

随着消费者需求的个性化、差异化，为了能够更好实现以客户需求为中心，掌握消费者需求动态，提高用户满意度，需要将供应链的销售与前期产品开发、产品设计、采购等环节进行整合，加强供应链上节点企业之间的有效合作。而电子商务的发展正好能够帮助供应链节点企业快速地掌握消费者需求，同时也活跃了供应链上的信息、资金等各个方面的流动，实现经营和配送的网络化，促进供应链节点企业一体化发展。

（5）电子商务能降低供应链成本

在传统供应链运作中，往往因为没有形成良好稳定的合作关系，所以会出现比较高的成本，这些成本主要包括因市场分散而需要寻找新的合作伙伴的信息成本，因成员合作不当被供应链剔除的转换成本，新的成员加入所带来的道德风险成本，与新的成员合作沟通需要花费的协调成本等。而电商平台的出现，实现了信息流、资金流、产品流的有机整合，很好地降低了传统供应链运作过程中所出现的一系列成本，而且电商平台也能很好地促进供应链上节点企业之间维持长期的良好的合作伙伴关系，不断降低供应链成本。

（6）电子商务能改变供应链的供需关系

电子商务为供应链提供了全球化竞争和合作的平台，通过信息共享也改变了供应链企业间的供需关系，使得传统竞争关系转变为利益共享、风险共担，从而为供应链的整体运作提供保障。供应和需求主体之间通过电商平台能够合理地安排生产，扩大市场份额，提高企业竞争力。

（7）电子商务实现了供应链网络化

电子商务能够帮助企业减少地域的限制，国内外的企业可以通过各种形式的纵向和横向沟通来建立完善的供应链网络，网络的形成能有效地促进企业间资源整合，提高企业的运作效率和竞争力。在电子商务环境下，供应链上的节点企业将自身所不擅长的业务进行外包，只抓自身的核心业务，利用供应链上其他企业的优势资源来实现供应链运作的最优化。电子商务环境下供应链网络的形成可以使得各个节点企业降低生产成本，缩短需求响应时间，适应市场变化，满足客户需求。

4.2.2 农资B2C供应链结构

农资B2C供应链采取“农资销售商-电商-农户”组织形式。农资B2C供应链结构如图4-4所示。该供应链中，通过B2C平台，农资销售商可以有效地与终端农户进行沟通，降低企业的广告费用，提高农资品牌知名度，增加产品销量，提高收入，也可以了解终端农户需求，开发新产品，缩短新品推广时间和费用；终端农户以低成本购买到农资产品，减少农业生产资料成本投入，提高收入。

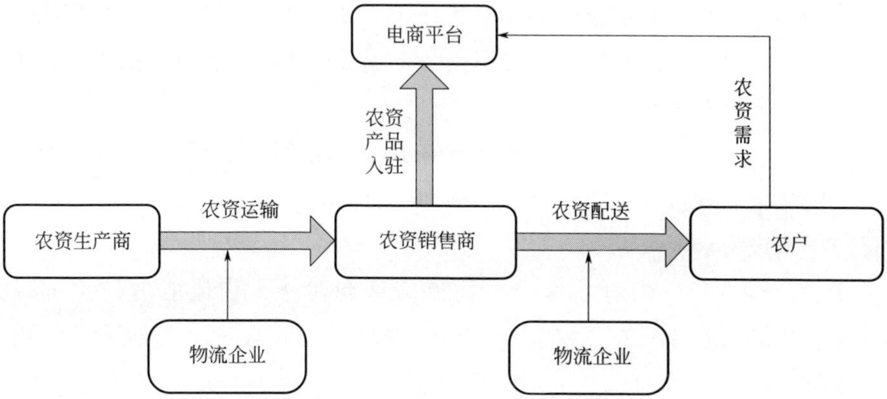

图4-4 农资B2C供应链结构

4.2.3 农资 B2C 供应链因果关系分析

根据图 4-4 所示的农资 B2C 供应链结构，分析农资 B2C 供应链因果关系，如图 4-5 所示。

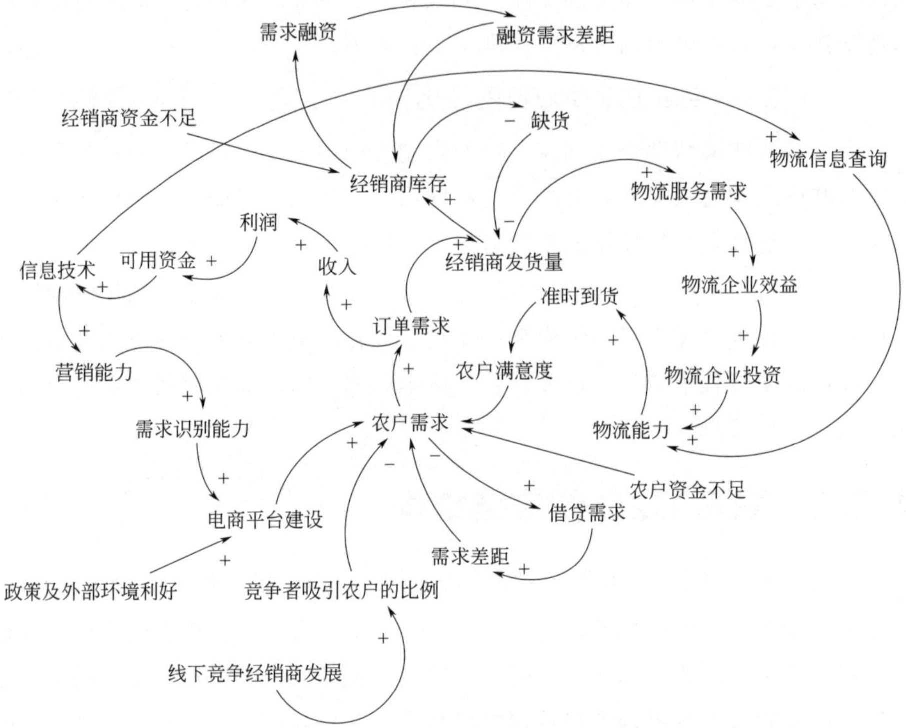

图 4-5 农资 B2C 供应链因果关系

由图 4-5 可以看出正向反馈、负向反馈如下。

① 正向反馈 1：政策及外部环境利好→＋电商平台建设→＋农户需求→＋订单需求→＋收入→＋利润→＋可用资金→＋信息技术→＋营销能力→＋需求识别能力→＋电商平台建设。

② 正向反馈 2：农户需求→＋订单需求→＋经销商发货量→＋物流服务需求→＋物流企业效益→＋物流企业投资→＋物流能力→＋准时到货→＋农户满意度→＋农户需求。

③ 正向反馈 3：信息技术→＋物流信息查询→＋物流能力→＋准时到货→＋农户满意度→＋农户需求→＋订单需求→＋收入→＋利润→＋可用资金→＋信息技术。

④ 负向反馈 1：如果农户资金不足，农户需求→＋借贷需求→－农户资金

需求差距→－农户需求。

⑤ 负向反馈 2：如果经销商资金不足，经销商库存→＋融资需求→－融资需求差距→－经销商库存→－缺货→－准时到货→－农户满意度→－农户需求。

⑥ 负向反馈 3：线下竞争经销商发展→＋竞争者吸引农户的比例→－农户需求。

4.2.4 基于因果关系的农资 B2C 供应链存在问题

（1）物流水平跟不上平台交易

由正向反馈 3 可知，电商平台的准入，提升了信息技术处理能力，提高了物流服务能力，但是农资供应通常从省到市，再到县到村逐级配送到农户，而农资产品的购买往往是同一时段发生的，容易出现大量订单同时发生，由于农村缺少储存农资产品所需的安全性高的基础设施和仓储设备，且因多级销售造成的农资产品运输和配送的困难，导致物流水平跟不上交易平台的要求，农村最后一千米物流缺失，多靠农户自行解决货运问题，影响农户需求。

（2）线下农资销售竞争对手冲击大

由正向反馈 1 可知，电商平台的准入，能够减少销售层级，降低成本，提高利润空间，同时也能让利给农民，提高需求量。但是，大部分农民的网购习惯尚未养成，网络购买农资需要利用电脑或使用手机 APP 才能完成，而农户学历层次不高，通过网络购买农资需要进行学习、培训，而有些农户会因为操作不便、手机没有流量或流量不足、没有计算机等原因而选择放弃网络购买。由反向反馈 3 可知，乡、村各级农资经销商的赊销行为虽然具有很大的不确定因素和风险，根据实际调研的情况，还款还是能通过朋友、亲戚和熟人关系来维持，缺乏相应的抵押和风险防范措施。而农资 B2C 供应链初期电商却难以向农户提供赊销服务，因此从现有销售模式的角度，农资线下经销商仍然具有很大的竞争力并占据相当的农资市场份额。

（3）资金需求加大

由负向反馈 1 可知，电商平台的准入加大了农户对农资需求，农户需要在平台上支付货款，但是农户自身资金有限，为了购买农资，一般会选择向金融机构贷款和向亲戚朋友借款等方式获得资金。但是，由于抵押物价值有限、农户信用体系不完善以及对农业生产受自然风险、市场风险影响的承受力差，针对不同农户金融机构发放的贷款金额是不同的，可能存在部分农户不能借贷的情况。有些农户也会向非正规的金融机构进行贷款，但贷款利率相对偏高，承受的贷款压力较大。而且农户获得贷款后并不是完全用于农业生产，最后导致无法按时还贷，产生不良贷款。因此，农户由于获贷的款项有限、手续烦琐、利息偏高，贷款时间短，农户贷款需求差距大，影响农户需求。由负向反馈2可知，农资订单需求加大，增加了经销商库存，经销商资金有限，库存量不足会导致缺货，而缺货必然满足不了农资需求的供应，因此，农资经销商对资金有较大需求。

（4）农技指导仍然不能很好地满足

农技指导是农业生产的重要内容，农资B2C供应链更多注重线上产品信息、宣传等内容，无法提供给农户农技指导。农资生产企业营销的手段之一就是为农户提供相关农资的技术支持，比如建立县、村级农资服务工作站和植保服务站，通过提供农技指导和技术支持，避免农资在使用过程中出现技术问题，而农户可在购买农资的同时获得优质服务，但农资B2C供应链却缺乏相应的服务模式。

4.2.5 农资B2C供应链向农资O2O供应链演进分析

由上述分析可知，尽管农资B2C供应链解决了传统农资供应链存在的多级分销、农资价格高、库存量大、信息不畅等问题，但农资B2C模式满足不了农户农资需求，农资O2O模式的出现和发展成为可能。由于农资B2C供应链存在诸多问题，企业开始投资建设农资O2O平台。中国农药发展与应用协会发起，联合江苏辉丰生物农业股份有限公司等国内四家业内知名农药企业共同投资组建“农一网O2O平台”。电商企业以阿里巴巴和京东为代表，凭借自身互联网实力，涉足农资O2O平台业务。

4.3 农资O2O供应链界定与分析

O2O模式与B2C模式相比，区别主要包括以下几个方面。

① 在货物获得方面：O2O模式可以通过物流配送、到店自提等方式；而B2C模式一般采用物流配送方式。

② 在消费者体验方面：O2O模式下消费者可以到实体店进行真实体验，通过自身了解或服务人员介绍全方位地了解商品；而B2C模式下消费者只能

通过卖方发布的图片、商品信息等了解商品。

③ 在商品信息反馈方面：O2O模式下卖方的服务人员能够与消费者面对面交流，服务人员能够了解消费者对商品信息的反馈，可以收集到大量的信息，对于消费者不满意的地方可以及时进行改进，提高用户的满意度；而B2C模式下消费者是在收到商品后才能发现其不足，也只能通过线上沟通解决，无法对消费者不满意的要求及时进行改正。

④ 在线下实体店方面：O2O模式下建立的线下实体店与线上卖方是相互支撑的，线上卖方的商品能够在线下实体店进行推广，提供使用数量；而B2C模式下的实体店与线上卖方是竞争对手关系，线下实体店的服务是减少线上卖方的用户数量。

4.3.1 农资O2O供应链界定

随着O2O模式的快速发展，农资O2O模式也被许多企业采用。农资O2O模式是依托农资O2O平台，将线上农资商品和服务与线下农资商品和服务建立起关联的一种电子商务模式，以电商为核心，利用线上平台进行农资产品展示、宣传、销售等。农资需求者不仅可以在线上购买商品，还可以在线上向专家咨询购买适宜的农资，利用线下服务站提供农资销售、物流配送、代购、农技指导等配套服务。随着一部分农户对农资O2O平台的认可，会传播给其他农户，吸引更多的农户应用线上平台购买农资和获得农资服务，随着平台上农户数量增加，会吸引更多的供应商将农资加入线上平台上进行销售。界定的农资O2O供应链是依托农资O2O平台，由农资电商、农资供应商、农资需求方、线下服务商等主体构成的线上线下融合的供应链。

4.3.2 农资O2O供应链因果关系分析

农资O2O供应链因果关系如图4-6所示。

由图4-6可知，农资O2O供应链正向反馈、负向反馈如下。

① 正向反馈1：农资O2O平台发展→+线下服务→+农户体验→+平台吸引力→+农资需求→+订单需求→+平台收入→+平台利润→+可用资金→+信息技术能力→+数据分析能力→+营销能力→+需求识别能力→+农资O2O平台发展。

② 正向反馈2：平台吸引力→+农资品牌→+农资品类和质量→+农户体验→+平台吸引力。

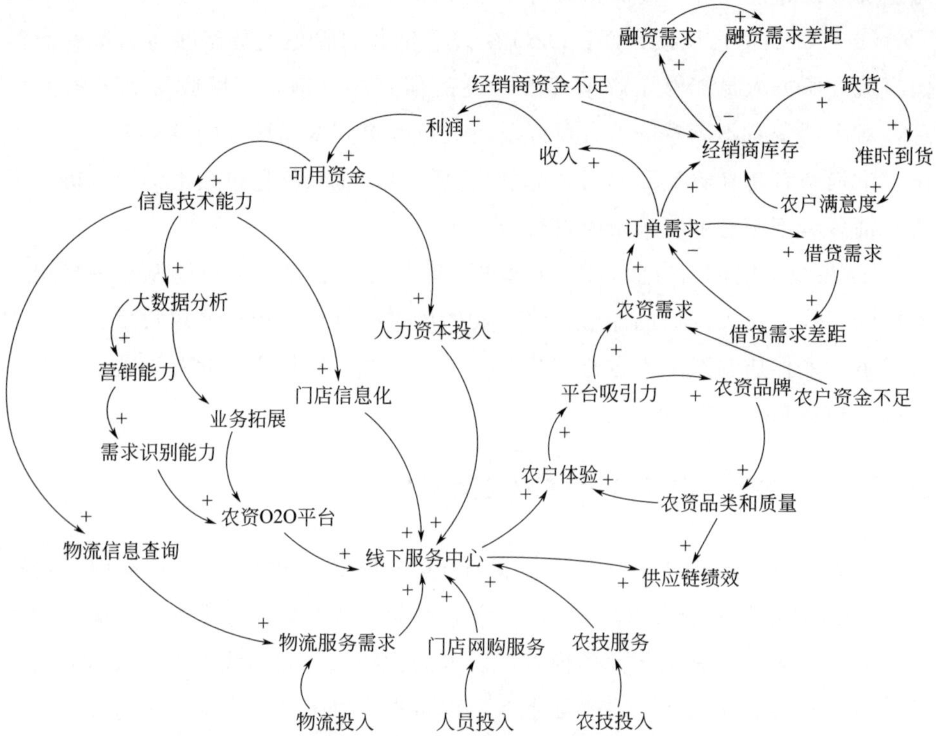

图 4-6　农资 O2O 供应链因果关系

③ 正向反馈 3：可用资金→＋人力资本投入→＋门店网购服务→＋线下服务→＋农户体验→＋平台吸引力→＋农资需求→＋订单需求→＋平台收入→＋平台利润→＋可用资金。

④ 正向反馈 4：可用资金→＋农技投入→＋农技服务→＋线下服务→＋农户体验→＋平台吸引力→＋农资需求→＋订单需求→＋平台收入→＋平台利润→＋可用资金。

⑤ 正向反馈 5：可用资金→＋物流投入→＋物流服务→＋线下服务→＋农户体验→＋平台吸引力→＋农资需求→＋订单需求→＋平台收入→＋平台利润→＋可用资金→＋信息技术能力→＋物流信息查询→＋物流服务→＋线下服务→＋供应链绩效。

⑥ 负向反馈 1：如果农户资金不足，农户需求→＋借贷需求→－农户资金需求差距→－农户需求。

⑦ 负向反馈 2：如果经销商资金不足，经销商库存→＋融资需求→－融资需求差距→－经销商库存→－缺货→－准时到货→－农户满意度→－农户需求。

4.4 农资 O2O 供应链体系构建动因分析

4.4.1 基于线上线下融合的农资 O2O 供应链主体确立

根据农资 O2O 供应链发展因果关系的正向反馈 1、正向反馈 3、正向反馈 4、正向反馈 5 可知，线下服务质量可以提升终端用户体验价值，能扩大平台吸引力，增加终端用户规模，进而获得利润和可用资金，进行物流、信息、农技、人力等多方面投入，投入的加大能提高线下服务质量，形成正向影响循环；根据正向反馈 2 可知，平台吸引力的提升，能吸引更多的农资供应商入驻到平台，平台上的农资供应商要提高农资品牌竞争力，就必然提升农资品类和质量，而农资质量的提升能加强农户体验价值，促进平台吸引力，形成正向影响循环。线下服务质量与农资质量的提升能很好地提升供应链绩效。按照 O2O 模式的基本要素以及农资 O2O 供应链因果关系图，农资 O2O 供应链的主体投入如图 4-7 所示。根据图 4-7，农资 O2O 供应链主体主要包括电商、农资供应商和线下服务商。现有线下服务站提供的服务不够全面，仅能提供有限的服务，而物流、农技、门店营销、门店代购等是线下服务质量的重要组成。因此，农资 O2O 供应链主体要基于线上线下融合进行选择。

4.4.2 农资 O2O 供应链多功能服务网络建立

由于农资产品的特殊性，农资投资额大，使用过程中需要技术指导，资金问题、技术服务的提供以及物流成为农资 O2O 供应链的重要内容，提供线上线下一体化的农资服务尤为重要。

（1）金融服务网络

根据农资 O2O 供应链因果关系的负向反馈 1 和负向反馈 2 可知，资金问题是农资 O2O 供应链发展的重要问题。对于农户而言，农资赊销情况普遍存在并且在短期内很难改变这种情况，赊销已经成为习惯，能够赊销就不会拿现款去购买农资。探索适合农民消费习惯的金融服务是农资 O2O 供应链发展的重要内容。对农资供应商而言，农资 O2O 平台的出现，加大了农资订单需求，必然加大农资供应商发货需求，一旦农资供应商资金不足，就会导致缺货现象发生，影响农户需求，进行供应链融资是解决供应商资金问题的重要途径。

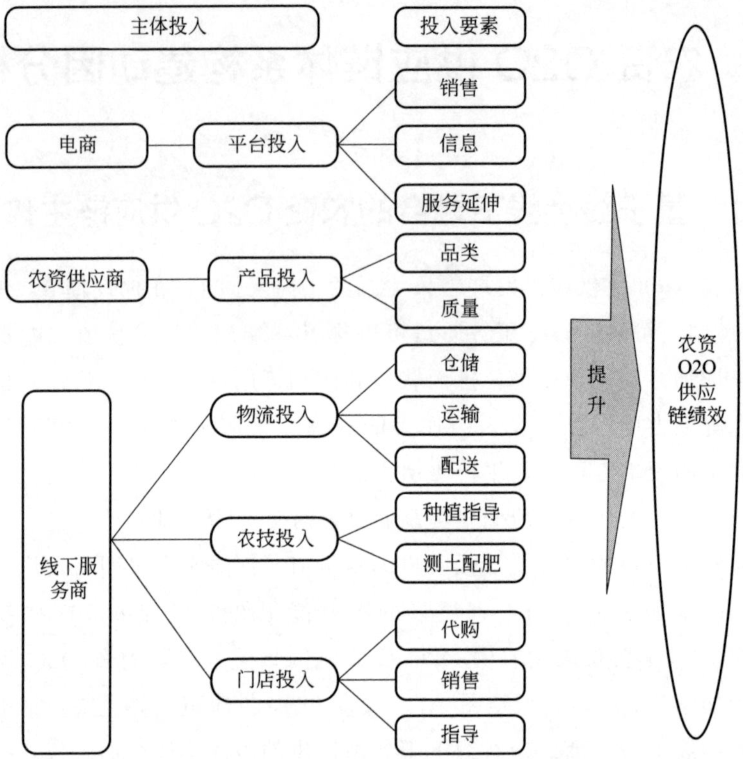

图 4-7　农资 O2O 供应链主体投入类型

（2）农技服务网络

根据农资 O2O 供应链因果关系的正向反馈 4 可知，农技服务投入对农资 O2O 供应链线下服务质量提升很重要。相比多数其他消费品，化肥、种子、农药等农资产品的线上购买只是完成了交易的一半，农技服务对农资使用非常重要，而且通过建立农技服务网络，农资生产企业也可较准确地预测市场，控制渠道，可有效地实现农户和企业的双赢。但这也就要求农资 O2O 供应链在提供农资产品的同时，需要配套大量的线下活动点和技术人员。

（3）物流服务网络

根据农资 O2O 供应链因果关系的正向反馈 5 可知，物流服务投入对农资 O2O 供应链线下服务质量提升很重要。农村幅员辽阔，要建立完善的物流需要时间和大量的资金投入，尽管许多物流企业都相继开始布局农村市场物流网络，但是从县城到农村的最后一千米仍然是目前大多数纯物流企业的盲区，具有农资配送能力的村镇网店目前仍较少，各类送货和配送仍然存在大量问题，农资的有效配送依然无法实现全面覆盖，做好最后一千米是发展农资 O2O 供应链物流服务的关键因素，主要包括库存管理、配送发货等环节。

（4）信息服务网络

根据正向反馈 1、正向反馈 5 可知，信息服务对提升农资 O2O 供应链绩效非常重要。信息技术能力的提升，能够提升数据分析能力，对农户的需求进行识别，掌握农资产品的销售、使用范围等信息，有利于进行农资营销和农资产品开发；同时，信息技术能力的提升，可以提供农资物流信息查询，便于农户对物流服务进行预判和合理评价，改进物流服务质量，提升农资 O2O 供应链运作效果。

基于上述描述，农资 O2O 供应链体系的功能要素主要从物流、资金流、农技服务流、信息流等方面进行分析。

4.4.3 农资 O2O 供应链流程闭合

农资 O2O 将线上销售、线上支付、线下服务、服务反馈等环节有机融合，通过线上销售掌握消费者数据，结合线上订单配套线下服务，线下服务与消费者直接接触，通过线下体验掌握消费者需求数据，并将需求信息反馈到线上平台，实现了线上与线下信息共享，线上顾客享受售前体验，线下顾客能在售中进行深入了解产品，而售后用户又能得到有效反馈的全方位服务。农资供应商将线下产品宣传、售卖和服务转至为线上，农资需求方可以自行通过电商平台进行购买农资，也可以通过村级服务站，代购农资；农资线上订单一旦下达，便及时安排线下物流活动，或者直接从县级服务中心安排物流配送活动，在完成物流活动的同时，根据需要提供相应的农技指导。农户在农资使用出现剩余时，再进行回收，实现供应链流程闭合。

4.4.4 农资供应商、农资电商和农户三方“共赢”实现

农资 O2O 供应链能实现农资供应商、农资电商和农户三方的“共赢”。对农户而言，能通过线上平台快速、方便查询农资产品信息，既可以直接上网购买，也可以到线下服务站进行购买，大大降低了时间成本及精力成本，不仅能买到物美价廉的农资，同时能获得良好的线下服务体验。对供应商、电商而言，通过线上销售获得交易数据、消费者评价内容，能够更深入地了解用户需求，利用线下服务站与农户近距离沟通，准确把握农户消费意向，便于洞察市场走向，做出最佳决策，减少企业市场投入成本。农资 O2O 供应链有利于优化传统农资供应链运作，更好地实现农资供应链价值提升。

第⑤章

农资O2O供应链体系构建

5.1 农资 O2O 供应链主体分析

5.1.1 农资电商

农资电商对农资供应链发展起到了很大的推动作用，农资电商的快速发展直接带来了农资供应链主体的变化，农资电商在农资 O2O 供应链中处于核心地位，因此，研究的农资 O2O 供应链核心主体就是农资电商。农资电商自建农资线上平台，线上平台主要向农资需求方终端用户销售农药、化肥、种子等农资产品，同时随着农资线上平台建设的不断深入，也可以在农资 O2O 平台上提供在线农技指导、互联网金融等服务。农资电商通过建立线上平台能够明确了解农户对农资的需求，实现农资 O2O 供应链以农户为中心的目标，将农资供应链由推动型变为需求拉动型，从而提高农户对农资供应和农资服务的满意度，增加农户对农资 O2O 供应链的信任，提高农资需求量，获得更多的利润。农资电商作为农资 O2O 供应链的核心企业，凭借其低成本、高效率的特征，能有效提升农资 O2O 供应链的运作效率，整合物流、资金流、信息流等资源，提高农资 O2O 供应链绩效。

5.1.2 农资供应商

农资电商作为农资 O2O 供应链核心主体，它的上游正是农资供应商，按照第 3 章的描述，农资供应商主要负责提供农资产品，所以农资供应商既可以是农资生产企业，也可以是农资经销企业，凡是在农资线上平台上销售农资的企业，都称作为农资供应商。研究的对象是农资经销企业，这些农资经销企业多为中小企业，资金有限，通过向生产商批发采购农资，向农户进行销售，根据农业种植需要不断更新所需要订购的农资品种。农资供应商依托农资电商线上平台及时掌握农户对农资的需求种类、数量等，便于自己能快速进行农资订购决策。

5.1.3 农资需求方

农资需求方就是农资电商的下游，通常是指终端用户。终端用户既可以是散户，也可以新型农业经营主体种粮大户、农民合作社、家庭农场等。研究的农资需求方即为农户，农户通过农资线上平台发出农资需求，同时也可以将其他需求通过平台的服务人员反馈给农资电商。农户在平台上购买农资后，直接通过平台完成支付。

5.1.4 线下服务商

对企业而言，要想取得长远的发展，除了提升自身核心竞争力以外，同样也更应该重视和分析竞争对手的竞争策略，同时要关注消费者的消费习惯。企业为了能够更好地实现与竞争对手的抗衡，可以运用博弈论的思想，制定一个具有竞争力策略以增加自身对消费者的吸引力，进而扩大自身的市场份额，实现自身利润最大化。Hotelling模型的提出与发展，正好为企业做出科学决策提供了理论依据，也为企业的长远发展做出了巨大的贡献，Hotelling模型是经济学家Hotelling于1929年提出的是一种非合作博弈模型，该模型主要考虑的是同种产品具有无差异性时，企业在空间位置和产品价格上的差异将会影响消费者的购买选择，进而影响企业的产品需求和利润。Hotelling模型的原理如下[92,93]：

首先，运用Hotelling模型的假设条件如下：

① 用户均匀地分布在一条长为l的线性城市中，每位用户仅购买一单位的产品；

② 城市中同时存在着两个供应商V_1和V_2，他们分别位于距离线性城市两端点长度为a、b的位置（$0 \leqslant a \leqslant l/2$、$0 \leqslant b \leqslant l/2$），如图5-1所示；

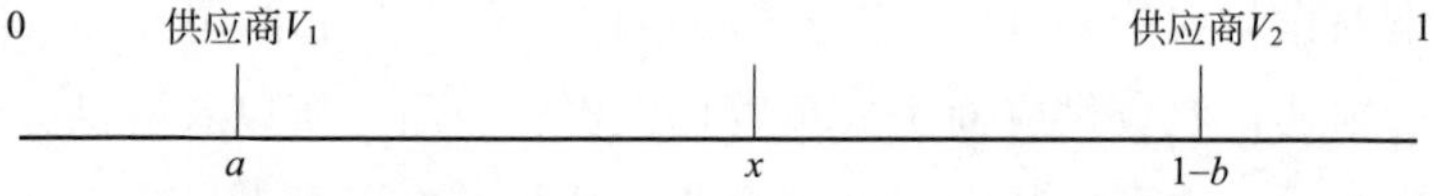

图5-1 Hotelling模型两厂商的选址示意

③ 两个供应商销售的是同质产品，产品成本固定不变且相等，产品价格为P；

④ 顾客的单位交通成本为C。

其次，假设消费者是理性的，都会试图使得自身获得的效用最大。每一个理性的用户在购买产品时都会选择距离自己比较近的厂商。所以厂商会在线性市场上选择一个有利于自身的位置，尽可能使自身的市场份额达到最大。由此可知，每个厂商的产品需求是由购买其产品的顾客数量所决定的。

如图5-1所示，假设距离城市左端a点的位置存在供应商V_1，距离城市

右端点 b 的位置存在供应商 V_2。很显然，位于供应商 V_1 左边的用户将会选择到供应商 V_1 处购买商品，而位于供应商 V_2 右边的用户将会选择到供应商 V_2 处购买商品，而位于两个供应商之间的用户则会比较自身与哪个供应商的距离近，如果与供应商 V_1 更近，就会选择到供应商 V_1 处购买商品，否则就会选择到供应商 V_2 处购买商品。当用户逐渐向城市中间移动时，会存在某一点的用户到供应商 V_1 和到供应商 V_2 购买产品是无差异的。

因此，假设该差异点为 x，则：$x-a=1-b-x$，所以，$x=\dfrac{1+a-b}{2}$，故厂商 V_1 和 V_2 的需求量分别为 $Q_1=x=\dfrac{1+a-b}{2}$，$Q_2=L-x=\dfrac{1-a+b}{2}$，由于厂商的利润与各自需求呈正相关的特点，而 $\dfrac{\partial Q_1}{\partial a}=\dfrac{1}{2}>0$，所以供应商 V_1 会为了获得更大的市场份额而不断增大 a 的值，即将供应商 V_1 的位置不断地向右端点移动。同理，供应商 V_2 为了获得更大的市场份额也会不断地增加 b 的值，即将供应商 V_2 的位置不断地向左端点移动。最终，两个供应商会在城市中点达到均衡。

（1）基于 Hotelling 模型的线下服务商分析

按照第 3 章的分析，线下服务商主要负责进行线下投入，为了更好地提升线下服务质量，线下服务商需要构建线下服务中心。根据农资 O2O 供应链演进过程可知，线下服务中心的构建的原因之一是受到传统农资销售商的冲击，所以线下服务商的选择主要是基于与竞争对手的博弈。根据第 2 章的描述，Hotelling 模型能够为企业制定具有竞争力的策略，从而增加消费者对此的满意度，文献［111］基于 Hotelling 模型验证了服务能有效延伸产品差异化并增强产品竞争力，它提升了厂商价值和消费者剩余，是提高社会总福利的“双向增强”，农资电商作为农资 O2O 供应链的核心企业，考虑自建线下服务中心，成为线下服务商。因此，在线下服务商分析方面通过 Hotelling 模型解决这一问题。

① 农资电商作为线下服务商自建线下服务中心的 Hotelling 模型建立。

假设农资需求方农户 x 均匀分布在（0，1）这样一条线上，在这条线上存在一个只采用线下销售方式的传统农资销售商（只做线下销售）与农资电商线下服务站。假设农资电商线下服务站的位置为 a，即距离左端点的距离为 a，传统农资销售商的位置为 $1-b$，即传统农资销售商距离右端点的距离为 b。农资电商线下服务站与传统农资销售商的相对位置如图 5-2 所示。假设

$a \leqslant 1-b$，农资电商与传统农资销售商的产品是无差异的，两企业的成本均为 c。

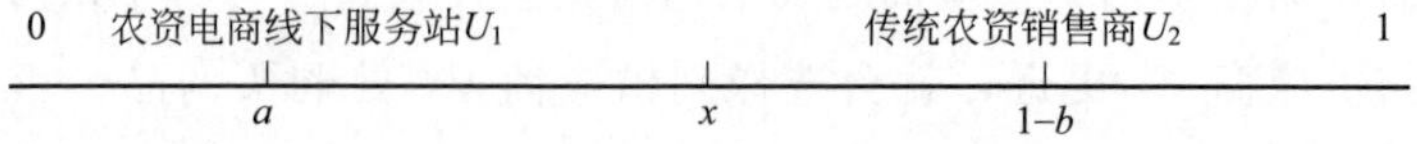

图 5-2　农资电商线下服务站与传统农资销售商的相对位置

根据第 2 章 Hotelling 模型，建立位置在 x 处的农户的效用函数如下。

农资电商效用函数：

$$U_1 = v_1 - p_1 - t(x-a) + \beta e_1 \tag{5-1}$$

传统农资销售商效用函数：

$$U_2 = v_2 - p_2 - t(1-b-x) + \beta e_2 \tag{5-2}$$

式中　v_1——农户对该农资产品的评价，有 $v_1 > v_2$ 且令 $v_d = v_1 - v_2$；

p_1——农资电商产品的价格；

p_2——传统农资销售商产品的价格；

t——农户的单位距离成本，距离成本是农户到企业距离的一次函数，tx 为距离企业 x 的农户采取农资电商渠道购买产品时的效用损失；

e_i——农户线下可以获取的相关服务水平，此服务水平可以用提供的物流配送、农技指导、农资代购等服务内容来衡量，企业提供相关服务的成本为 $C(e_i)$；

β——农户对相关产品服务的敏感系数（$0<\beta<1$），βe 为农户获取相关产品服务所带来的效用补偿，与服务水平成正比。

其他符号说明：D_1、D_2 分别代表农资电商与传统农资销售商的需求量，即两企业的市场份额；π_1、π_2 分别代表农资电商与传统农资销售商的利润。

② 农资电商作为线下服务商自建线下服务中心的 Hotelling 模型分析。

a. 市场占有份额比较。

设 x^* 为农资电商与传统农资销售商的效用无差异点，则令 $U_1(x) = U_2(x)$ 可得 x^*，即

$$v_1 - p_1 - t(x-a) + \beta e_1 = v_2 - p_2 - t(1-b-x) + \beta e_2$$

$$\text{得 } x^* = \frac{v_d + p_2 - p_1 + (1+a-b)t + \beta(e_1 - e_2)}{2t} \tag{5-3}$$

命题 1：当 $p_2 - p_1 > -v_d - \beta(e_1 - e_2) + (1-a+b)t$ 时，农资电商完全占有市场。

证明：当 $p_2 - p_1 > -v_d - \beta(e_1 - e_2) + (1-a+b)t$ 时，可求得 $x^* > 1$，即无论消费者在何处均有 $U_1 > U_2$，故农资电商自建线下服务站完全占有市场。

命题 2：$p_2 - p_1 < -v_d - \beta(e_1 - e_2) - (1-a+b)t$ 时，传统农资销售商完全占有市场。

证明：当 $p_2 - p_1 < -v_d - \beta(e_1 - e_2) - (1-a+b)t$ 时，可求得效用无差异点 $x^* < 0$，即无论消费者在何处均有 $U_1 < U_2$，故传统农资销售商完全占有市场。

命题 3：$-v_d - \beta(e_1 - e_2) - (1-a+b)t < p_2 - p_1 < -v_d - \beta(e_1 - e_2) + (1-a+b)t$ 时，农资电商和传统农资销售商共同占有市场。

证明：当 $-v_d - \beta(e_1 - e_2) - (1-a+b)t < p_2 - p_1 < -v_d - \beta(e_1 - e_2) + (1-a+b)t$ 时，可知两企业的无差异点 x^* 位于［0，1］之间。当消费者处于小于 x^* 位置时，农资电商的效用大于传统农资销售商的效用，此时，消费者会选择到农资电商线下服务站购买农资产品；当消费者处于大于 x^* 位置时，传统农资销售商的效用大于农资电商的效用，此时消费者会选择传统农资销售商购买产品。因此，此时农资电商和传统农资销售商共同占有市场。

b. 市场需求量比较。

命题 4：企业市场需求量不仅与自身的商品价格和企业所在的位置有关，而且还与竞争者的商品价格、竞争者企业所在的位置以及竞争者的相关服务水平有关。

消费者 x^* $(x \in [0, 1])$ 无差异，则 x^* 左边的消费者将在农资电商购买商品，x^* 右边的消费者将在传统农资销售商处购买商品，因此两企业的需求函数可得

$$D_1 = x^* = \frac{v_d + p_2 - p_1 + (1+a-b)t + \beta(e_1 - e_2)}{2t} \tag{5-4}$$

$$D_2 = 1 - x^* = \frac{-v_d - p_2 + p_1 + (1-a+b)t - \beta(e_1 - e_2)}{2t} \tag{5-5}$$

证明：分别对 D_1 取关于 p_2、b 、e_2 的导数并整理得

$$\frac{\partial D_1}{\partial p_2} = \frac{1}{2t} > 0$$

$$\frac{\partial D_1}{\partial b} = -\frac{1}{2} < 0$$

$$\frac{\partial D_1}{\partial e_2} = -\frac{\beta}{2t} < 0 \tag{5-6}$$

因此我们可以得到以下结论。

农资电商的需求量与传统农资销售商的价格成正相关，即传统农资销售商的价格越高，农户越会通过农资电商平台购买农资。

农资电商需求量与传统农资销售商距离右端点的位置呈负相关，即农资电商的自建服务站选址距离现有的传统农资销售商越近，需求量越大。

农资电商的需求量与传统农资销售商的相关服务水平呈负相关。即当农资电商自建服务站之前，消费者无法获得产品体验以及售后等相关服务，使得传统农资销售商的相关服务水平大于农资电商的服务水平，但当农资电商自建线下服务中心后，农资电商的相关服务水平的增加，农资传统销售商的需求量逐渐减少。由此表明农资电商要想提高农资销量，可以通过自建线下服务中心和提高服务水平来实现，以此说明农资电商通常会在县级建立服务中心，在村级建立服务站。

考虑到线下服务水平除了与传统销售商的服务水平有关外，与线下服务中心的选址也有关联，下面对农资电商自建县级服务中心的位置进行选址分析。

③ 农资电商作为线下服务商自建线下服务中心的选址分析

两企业的利润函数为

$$\pi_1=(p_1-c)\mathrm{D}_1-C(e_1)$$
$$=\frac{1}{2t}(p_1-c)[v_\mathrm{d}+p_2-p_1+(1+a-b)t+\beta(e_1-e_2)]-C(e_1) \tag{5-7}$$

$$\pi_2=(p_2-c)D_1-C(e_2)$$
$$=\frac{1}{2t}(p_2-c)[-v_\mathrm{d}-p_2+p_1+(1-a+b)t-\beta(e_1-e_2)]-C(e_2) \tag{5-8}$$

此时两企业选择自己的价格 p_1 和 p_2 使自身的利润最大化，两个函数的一阶条件为

$$\frac{\partial\pi_1}{\partial p_1}=\frac{1+a-b}{2}+\frac{v_\mathrm{d}+p_2+\beta(e_1-e_2)-2P_1+c}{2t}=0$$

$$\frac{\partial\pi_2}{\partial p_2}=\frac{1-a+b}{2}+\frac{-v_\mathrm{d}+p_1-\beta(e_1-e_2)-2P_2+c}{2t}=0$$

联立上述两个式子，得出两企业的均衡价格。

$$p_1^*=\frac{(3+a-b)t+\beta(e_1-e_2)+v_\mathrm{d}+3c}{3} \tag{5-9}$$

$$p_2^* = \frac{(3-a+b)t - \beta(e_1 - e_2) - v_d + 3c}{3} \tag{5-10}$$

将上述均衡价格代入需求函数中，可得均衡时的需求量为

$$D_1^* = \frac{v_d + (3+a-b)t + \beta(e_1 - e_2)}{6t} \tag{5-11}$$

$$D_2^* = \frac{-v_d + (3-a+b)t - \beta(e_1 - e_2)}{6t} \tag{5-12}$$

因此，此时的利润为

$$\Pi_1^* = \frac{[v_d + (3+a-b)t + \beta(e_1 - e_2)]^2}{18t} \tag{5-13}$$

$$\Pi_2^* = \frac{[-v_d + (3-a+b)t - \beta(e_1 - e_2)]^2}{18t} - C(e_2) \tag{5-14}$$

求解 π_1^*、π_2^* 关于 a、b 的偏导：令 $\frac{\partial \pi_1}{\partial a}=0$，$\frac{\partial \pi_2}{\partial b}=0$ 联立方程组。

$$\frac{\partial \pi_1}{\partial a} = \frac{(3+a-b)t + \beta(e_1 - e_2) + v_d}{9} = 0$$

$$\frac{\partial \pi_2}{\partial b} = \frac{(3-a+b)t - \beta(e_1 - e_2) - v_d}{9} = 0$$

解得

$$a = b + \frac{-\beta(e_1 - e_2) - v_d}{t} \tag{5-15}$$

$$a - b = \frac{-\beta(e_1 - e_2) - v_d}{t}, \ b - a = \frac{\beta(e_1 - e_2) + v_d}{t} \tag{5-16}$$

由此可知，农资电商作为线下服务商自建服务中心的位置与传统农资销售商的位置有关，可以根据传统农资销售商的位置来确定农资电商自建县级服务中心的相对位置，即两企业与端点的距离差为 $a-b=\frac{-\beta(e_1-e_2)-v_d}{t}$，或者 $b-a=\frac{\beta(e_1-e_2)+v_d}{t}$。

（2）基于 Hotelling 模型的线下服务商仿真

① 农资电商自建线下服务中心利润与服务水平的关系仿真分析。由上述证明可知，农资电商通过自建线下服务中心，提高服务水平，让消费者获得更多的体验，从而提高消费者对农资电商平台的认可，增大农资销售量。但是，

自建线下服务中心，必然会加大成本投入，而成本上升会直接影响到企业利润。因此，运用模型仿真来说明农资电商利润与农资电商服务水平、供应商服务水平的均衡关系，以及农资电商利润与农资电商服务水平、距离位置的关系。

假设模型中的参数 $v_d=10$、$t=0.5$、$\beta=0.35$、$c=2$、$b=0.3$，农资电商自建县级服务站之前，服务水平 e_1 是固定的，假设 $e_1=2$，位置 $a=0$，此时农资电商的利润与传统农资销售商的服务水平之间的关系如图 5-3 所示。农资电商的利润与农资电商服务水平、传统农资销售商服务水平之间的关系如图 5-4 所示。

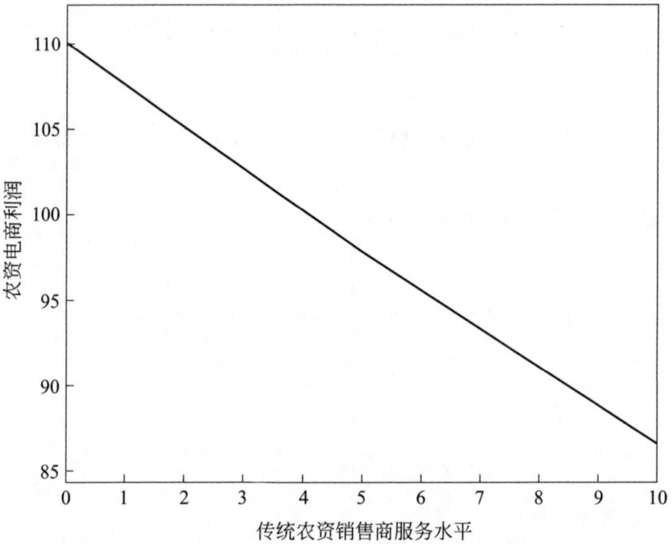

图 5-3　农资电商的利润与传统农资销售商的服务水平之间的关系

由图 5-3 可以看出，随着传统农资销售商的服务水平增加，农资电商的利润不断下降，因此，说明了农资电商自建线下服务中心非常必要，农资电商是农资 O2O 供应链的线下服务商。

由于企业服务水平成本的存在，并非服务水平越高，利润越大。由图 5-4 可知，农资电商自建线下服务中心成为线下服务商应根据传统农资销售商服务水平以及农资电商自建线下服务中心的服务水平进行决策。

② 农资电商自建线下服务中心利润与其位置关系仿真分析。农资电商的利润除了与服务水平相关外，与其所处的地理位置也相关。按照前面的参数假设，表示传统农资销售商服务水平已知的条件下，假设 $e_2=4$，电商利润在与农资电商的服务水平和电商位置距离之间的相关关系如图 5-5 所示。

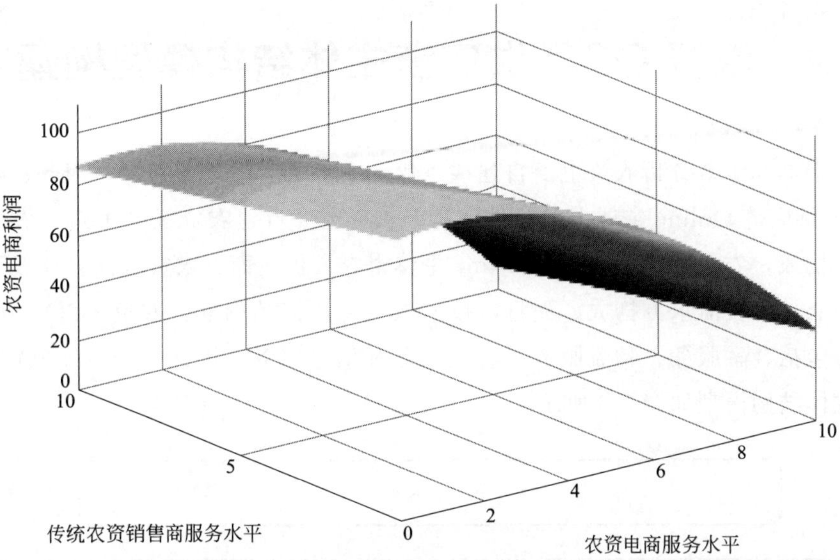

图 5-4 农资电商利润与农资电商服务水平、传统农资销售商服务水平之间的关系

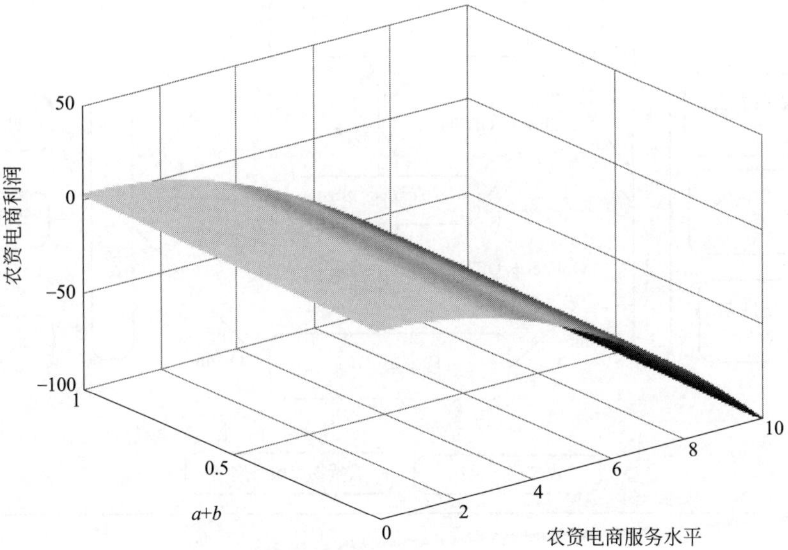

图 5-5 电商利润在与农资电商的服务水平和电商位置距离之间的相关关系

由图 5-5 可看出，农资电商自建服务站的利润不仅与服务水平有关，同时受服务站位置的影响。当 $a+b$ 趋近为 1 时，即农资电商服务站的位置越靠近传统农资经销商时，农资电商利润越大。

通过仿真分析表明，农资电商作为线下服务商，自建线下服务中心时，要根据服务水平、与传统销售商的地理位置等方面做出合理的选择。

5.2 农资O2O供应链主体结构模型构建

根据5.1节分析农资电商自建线下服务中心成为线下服务商，因此，农资O2O供应链Online主体由农资供应商、农资电商自建农资线上平台、农资需求方构成，农资O2O供应链Offline主体由农资供应商、农资电商自建线下服务中心、农资需求方构成。而且，按照农资供应链的内涵，农资O2O供应链还应包括金融服务、物流服务、农技服务和信息服务，因此，农资O2O供应链主体结构模型如图5-6所示。

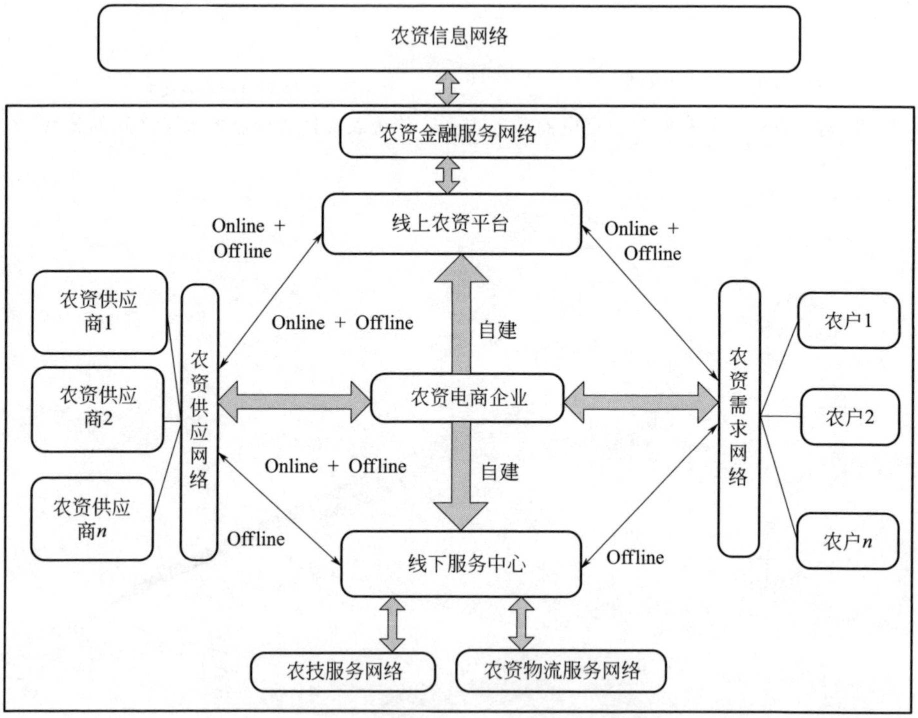

图5-6 农资O2O供应链主体结构模型

结合图5-6可知，通过线上农资平台对农资进行线上促销、宣传，提供在线金融服务，并建立线下服务中心，实现Online与Offline融合；让农户在线下服务中心享受农技服务、物流服务、信息服务等体验，吸引农户从Offline到Online进行消费，形成了“Online＋Offline＋Online”农资O2O供应链主体结构模型。因此，就农资O2O供应链而言，物流、资金流、信息流和农技服务流是农资O2O供应链的功能要素。

5.3 农资 O2O 供应链功能要素分析

5.3.1 金融服务方式与流程

（1）供应链融资方式分析

为了更好地解决农资资金问题，国内学者探讨分析通过订单融资的方式来实现。王婷睿认为农业订单融资是有效解决农业领域融资难题的重要融资方式之一，加强了农业生产者与供应链核心企业的合作关系[94]。宋平等指出实施订单融资能解决农民生产的资金约束问题，也能降低生产不确定性[95]。在美国农业发展过程中，通过创立 Nasdap 系统，正式运营网络金融产品，而相关的互联网金融的理论和实践研究也快速发展成为全球的热点。R. Silverstro 等认为，商业银行和借贷者之间信息不对称的问题，可通过互联网等新技术有效地解决，同时互联网促进了银行间的信息共享，使得原有贷款模式中难以获得贷款的中、小、微企业和个人实现融资[96]。易法敏等也提出电商金融逐渐成为农村金融市场中的新兴力量[97]。发达国家已经将订单融资作为农业金融支持的主要方式[98]。

研究的供应链融资即订单融资，参考文献［99］中界定的农资 O2O 供应链中订单融资方式是农资电商与农资供应商签订农资订单合同，自身或联合金融机构向农资供应商提供贷款；订单合同到期后，农资电商支付给农资供应商农资采购款，也可以直接从农资采购款中扣除农资借贷款和利息，将剩余部分给农资供应商。根据农资电商、农资供应商参与订单融资的收益和成本分析农资 O2O 供应链订单融资可行性。

① 基于成本收益模型的农资电商参与订单融资分析。农资电商通过订单融资实现批量集中采购，获得物美价廉的农资，降低农资价格，提高市场占有份额，使农资电商与农资供应商紧密地联系在一起，不需要为采购农资花费寻找供应商成本、订货费用、市场风险成本，降低了交易成本。

农资电商在成本收益模型构建方面主要考虑四个参数：农资质量收益、农资销售收益、农资市场稳定性收益、农资采购成本。

农资质量收益（Q）是指农资质量与企业收入的关系，农资质量一般用质量合格率 q 来表示，假设农资电商不参与订单融资的质量收益 $Q_1=Q(q_1)$，参与融资后农资质量收益 $Q_2=Q(q_2)$。

农资销售收益（F）指销售农资获得的收益与农资销量（f）有关，假设未参与和参与的农资销售收益为 $F_1=F(f_1)$ 和 $F_2=F(f_2)$。

农资市场稳定性收益（E）主要是指是否因市场环境变化导致农资采购来源与数量稳定性，假设农资电商不参与订单融资，那么需要从外部市场直接采购农资，获得农资市场的稳定性收益为 E_1；参与订单融资的市场稳定性收益为 E_2。

农资采购成本（C）一般是指农资电商采购农资成本支付农资进货成本、订货成本、质量检测等成本支出，假设未参与和参与的交易成本为 C_1 和 C_2。

除此之外，农资电商通过与农资供应商合作，可以将农资供应商吸纳为电商平台会员，使农资电商获得潜在利润 $X=X(q_1)$，潜在利润随着产品交易的数量和质量的增加而增加。

因此，可以得到农资电商参与前后的收益模型。

参与前

$$V_{农资电商1}=F_1+E_1+Q_1-C_1 \tag{5-17}$$

参与后

$$V_{农资电商2}=F_2+E_2+Q_2+X-C_2 \tag{5-18}$$

农资电商参与前后的收益差为

$$V_{农资电商差}=(F_2-F_1)+(E_2-E_1)+(Q_2-Q_1)+X+(C_1-C_2) \tag{5-19}$$

对农资电商而言，农资质量收益函数 $Q=Q(q)$ 与农资质量 q 是单调递增关系，由于农资电商通过订单方式采购农资，确保了农资质量，因此参与供应链金融的农资质量 q_2 大于未参与供应链融资的农资质量 q_1，因此式(5-3) 中 $(Q_2-Q_1)>0$；由于农资质量的提升，会加大农资销量，因此参与后的销售收益会加大，所以式(5-3) 中 $(F_2-F_1)>0$；由于农资电商参与订单融资，需要与农资供应商签订农资订单，这样能确保农资的采购来源，提高了农资市场的稳定性，从而带来更多的收益，因此式(5-3) 中 $(E_2-E_1)>0$；农资电商参与订单融资后会降低其交易成本，即式(5-3) 中 $(C_1-C_2)>0$；除此之外，潜在利润 $X>0$，因此，式(5-3)>0，农资电商参与订单融资后的收益大于未参与订单融资的收益，农资电商必然会选择参与订单融资运作。

② 基于成本收益模型的农资供应商参与订单融资分析。电商或金融机构可以为农资供应商提供农资购买资金，有效地解决了农资供应商无力购买农业生产资料的风险，很好地保护了农资供应商利益。

农资供应商参与订单融资的成本收益模型构建方面主要考虑三个参数：农资批发成本、借贷总成本、农资销售收益。

农资批发成本（P）与农资产品价格（p）有关，假设未参与和参与的农资供应商的农资批发成本为 $P_1=P(p_1)$ 和 $P_2=P(p_2)$。

借贷总成本与银行抵押、利息、获得贷款资金花费的各种必须成本有关，假设农资供应商未参与，则 $C_{贷}=c_1+c_2+r_1$（c_1 表示在向银行借款时的抵押物机会成本；c_2 表示获得贷款资金花费的各种必须成本；r_1 表示贷款本息），参与融资的贷款利率为 i，M 表示贷款资金。

农资销售收益（N）一般与产品质量水平（q）有关，假设农资供应商未参与和参与的销售收益为 $N_1=N(q_1)$、$N_2=N(q_2)$。

因此，可以得到农资供应商参与前后的收益模型。

参与前

$$V_{农资供应商1}=N_1-C_{贷}-P_1 \tag{5-20}$$

参与后

$$V_{农资供应商2}=N_2-iMP_2 \tag{5-21}$$

农资供应商参与前后的收益差为

$$V_{农资供应商差}=(N_2-N_1)+(C_{贷}-iM)+(P_1-P_2) \tag{5-22}$$

农资销售收益 $N=N(q)$ 与产品质量水平（q）是单调递增关系，如前所述 $q_2>q_1$，因此式(5-6）中（N_2-N_1）>0；金融机构为吸引农资供应商参与订单融资，利率一般都小于银行正常借款的利率，即（r_1-iM）>0。c_1 表示在向银行借款时的抵押物机会成本，c_2 表示获得贷款资金花费的各种必须成本，c_1、c_2 都大于0，即（c_1+c_2）>0，因此式(5-22）中（$C_{贷}-iM$）>0；农资批发成本（P）与农资产品价格（p）是单调递增关系，所以式(5-22）中（P_1-P_2）>0；因此，式(5-22)>0，说明农资供应商参与订单融资后获得的收益大于未参与订单融资的收益。订单融资可以给农资供应商带来更大的收益，因此农资供应商有参与订单融资的意愿。农资 O2O 供应链订单融资流程如下：

第一步，农资电商和农资供应商签订农资订购合同；

第二步，农资供应商向保险公司进行投保；

第三步，农资供应商凭借农资收购合同，向金融机构提出农资贷款申请，金融机构根据申请贷款的农资订单、财务状况等内容确定农资款项的授信额度；

第四步，金融机构将贷款直接给农资供应商；

第五步，合同到期后，农资供应商向农资电商交付农资，农资电商支付货款，农资供应商向金融机构还款。

（2）农户借贷方式分析

农民抵押品有限，资金来源难以直接影响到农业生产，尽管国家出台了一系列政策，推进金融资源对“三农”的扶持，实现金融机构对农民的帮扶，在一定程度上能缓解一些矛盾，但是由于农户自身抗风险能力薄弱，不可预测的市场经济波动及自然灾害，都将给农户带来庞大的经济损失和资金压力。正因如此，农户通过电商平台不仅能够得到价格低廉、质量好的农业生产资料，还可以享受到电商提供的一系列配套服务，农资电商和农户连接为一个合作紧密的利益整体，农资电商为农户提供赊销或提供担保向金融机构进行贷款，能够帮助农户降低其融资成本，减少其生产经营的风险。按照以上描述，农资O2O供应链金融服务流程如图 5-7 所示。

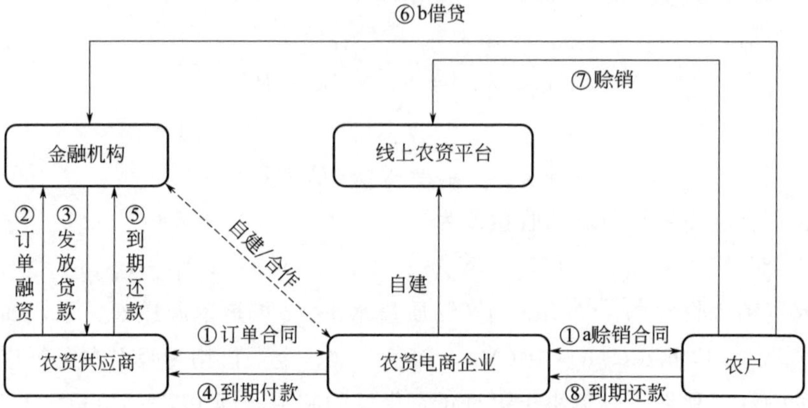

图 5-7 农资 O2O 供应链金融服务流程

5.3.2 物流服务网络与流程

农资使用季节性强，体积大，价值低，且有一定的污染性，对物流专业化水平要求高。为了降低运输成本，远距离的农资运输通常需要通过火车来完成，通过农资生产商直送至农户需要花费高额的成本，因此，农资物流一般由县级物流中心发货至村级物流站完成农资配送，如果一次下单较大，县级物流中心将直接送货到门。农资电商建立线下服务中心可以进行物流投入，自行完成从县级到村级到农户的农资物流配送活动，同时，为了保证及时供应，线下服务中心可以进行农资存储。农资物流服务网络是“一县对多村”类型，其农资物流服务网络如图 5-8 所示。

5.3.3 农技服务主体与网络

农技服务部门着重于解决农资产品使用过程中农户所遇到的技术问题，优质农资产品若未被正确使用，不仅会降低农资产品的效率，更会影响农户的收

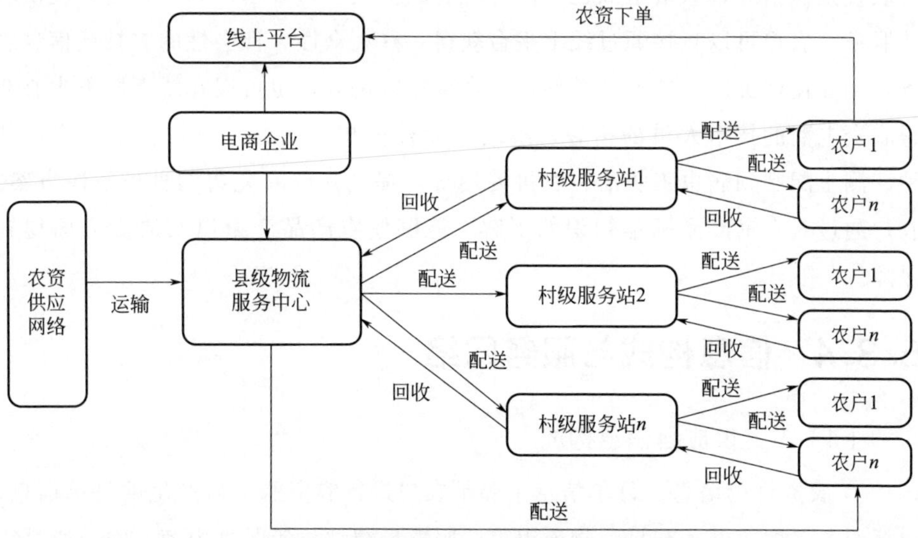

图 5-8 “一县对多村”农资物流服务网络

益，如化肥没有在最佳时间撒到田间，不仅有效的资源被浪费，还有可能导致化肥随雨水冲走，造成对环境的污染。

农户对农资不仅是产品的需求，更需要一整套的种植方案，而农资电商作为农资 O2O 供应链的核心主体，联合政府、专业院校、科研机构构建“多主体农技服务网络”进行农技推广，如图 5-9 所示。科研机构主要由研究所组成，负责进行农业种植技术研发、农技方案试验等工作；专业院校主要负责对技术人员和其他相关人员进行培训；政府主要负责通过制定一些政策对农户进

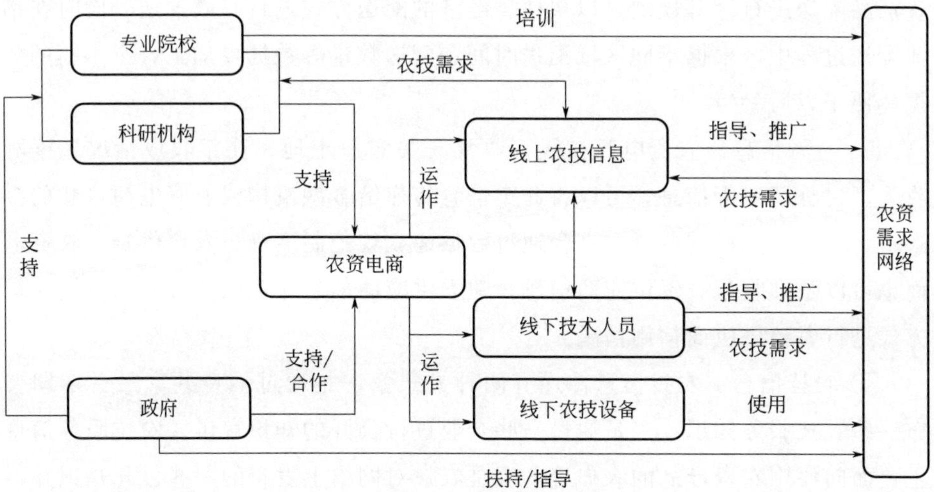

图 5-9 多主体合作农技服务网络

行农技知识指导，农资电商也可以与现有的县级、村级植保站进行合作提供农技服务。农户可以直接通过线上平台获得一些大众性、社会性的农技或信息服务，例如良种推广、农资产品使用注意事项宣讲等，也可以在线下服务中心获得农资电商的技术人员的指导，解决农业种植相关问题。农技服务网络从选种、测土配肥到病虫害防治、农机使用等，提高一整套完善的种植解决方案。农户通过对农资产品基本知识的了解，能够使农产品产量以及质量方面得到保障。

5.3.4 信息构成与服务网络

（1）农资供应链信息构成

① 农资订单信息。订单信息主要是农户进行农资购买后产生的订单信息，包括业务咨询、电子交易、物流跟踪、服务反馈评价等各项内容。农户通过线上平台对农资产品进行了解，可以通过平台展示的基本产品信息以及通过在线咨询的方式获取额外信息；当交易达成后，农户能够根据自身的订单查看自己已完成的订单和农资产品的物流状态，并且在使用农资产品后进行一个有效的评价，评价内容也是多种多样的，可以对物流效率、农资产品使用情况、客服态度以及是否有效解决问题等各个方面进行评价，产生一个逆向的信息，对农资供应商、农资电商具有很好的反馈作用。

② 物流信息。农资电商对订单信息进行整合，整理出不同区域所需农资产品信息，然后与线下服务中心共享，线下服务中心得到相关信息后能够对农资产品配送进行统筹规划，以快捷、经济的配送方式进行有效配送。同时在物流配送过程中，根据不同区域配送时间、配送数量等数据再加工，产生新的数据，便于以后参考。

③ 金融信息。农资电商在线下收集有关农户土地、往年收成情况、家庭收入、付款情况等信息，可以将此类信息传递给金融机构或农资电商自建的金融平台，让金融机构或金融平台通过数据建立规范制度进行农户借贷。农资电商也可以整理收集农资供应商信息，建立供应商信息库，以便开展供应链融资方式进行考核供应商信用情况。

④ 农技信息。农技信息传递有两种方式：一是通过信息共享平台定期公布一些农技服务知识；二是通过一些企业进行公开的知识宣讲。农技服务信息主要面向使用农资产品的农户等，但是农户对网络上发布的一些公开知识并不会进行时刻关注，因此在农技服务信息传递中需要更多的人员参与，通过公开

活动直接与农户进行沟通，了解一些农资产品在使用过程中的不合理现象，对企业对农资产品进行改进也是具有帮助的。

（2）信息服务网络

按照信息构成，结合物流、资金流、农技服务的具体开展，农资 O2O 供应链信息服务网络如图 5-10 所示。

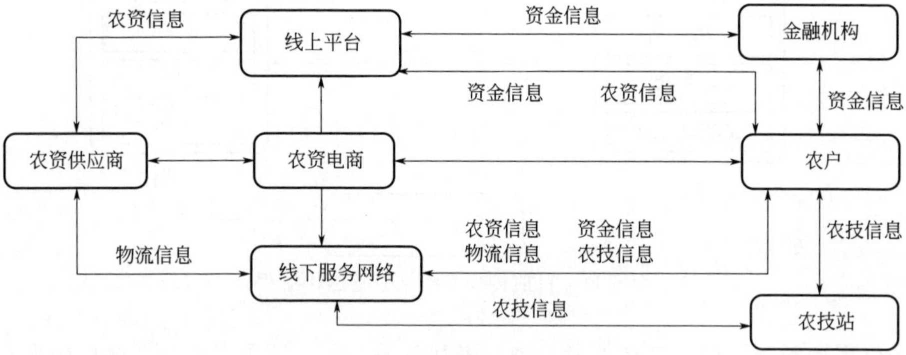

图 5-10　农资 O2O 供应链信息服务网络

5.4　农资 O2O 供应链体系建立

5.4.1　农资 O2O 供应链体系模型建立

为了实现更好地将农资 O2O 供应链体系模型应用于企业实践，笔者走访了黑龙江、山东、河南等省的经营农药、化肥等农资企业和部分农户（访谈提纲见附录 1 和附录 2），掌握了部分企业农资供应链运作现状和农户需求。通过调研，归纳整理访谈资料，目前传统农资供应链运作流程如图 5-11 所示。

根据 5.1 节和 5.2 节的分析可知，农资电商是农资 O2O 供应链的服务集成商，不仅通过线上平台和线下服务站点为目标市场消费者提供终端服务，而且为整个供应链的其他成员提供按需服务。农资电商整合已有资源优势，联合上游农资供应商，以优质低价的农药、化肥、饲料等农资为产品，拉动农资产品线上需求；建立线下服务网点，协同开展配送、销售、售后服务等。以农技服务网络人员为主进行产品的田间推广，让农业生产者得到价廉物美的农业生产资料，并向农业生产者提供农技指导、农产引导，解决农业生产资金瓶颈和降低产业风险，针对农业生产过程中遇到的问题，组织专业田间问题处理队伍

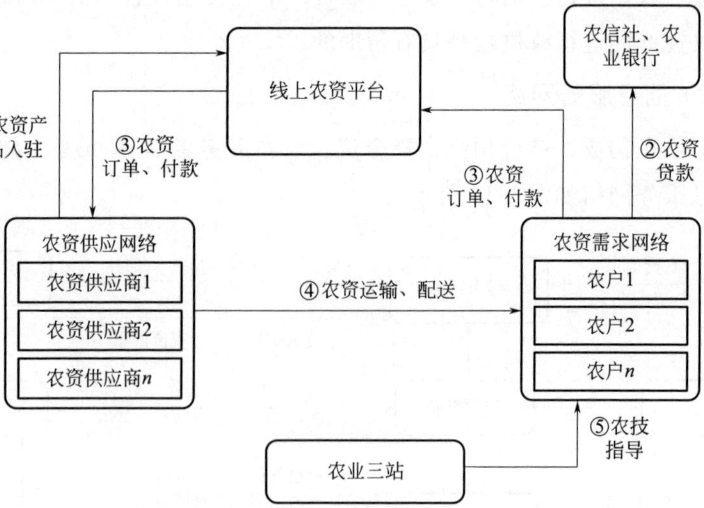

图 5-11 目前传统农资供应链运作流程

进行现场服务，最终使产业者、消费者利益最大化。还可以联合金融机构为农户提供贷款，解决贷款难的问题。充分发挥农资电商在农资 O2O 供应链中的作用，在图 5-8 现有农资供应链运作流程的基础上，按照供应链体系的构成要素，构建“多主体-多功能-闭合流程”的农资 O2O 供应链体系模型，如图 5-12 所示。

5.4.2 农资 O2O 供应链体系内容分析

根据“多主体-多功能-闭合流程”的农资 O2O 供应链体系模型，农资 O2O 供应链体系内容包括以下几个方面。

（1）农资 O2O 供应链多主体分析

① 农资电商企业。农资电商建立基于大数据的农资 O2O 平台，并持续不断地完善农资 O2O 平台功能，以构建一个产品、服务一体化的农资供应链 O2O 平台系统；以满足农户需求为中心，农资电商集中开发目标市场，以自建的方式建立线下服务中心，同时与各农资供应商签订合作契约。农资电商在线下服务中心提供物流、销售、咨询等相关服务，成为线下服务网络。

② 农资供应商。农资供应商注册、登录到农资 O2O 平台，并发布农资供给实时信息，与线下服务中心在统一协同下，向农户提供农资供给、销售以及其他服务。

③ 农户。农户注册、登录到农资 O2O 平台，并通过 O2O 平台、电话、

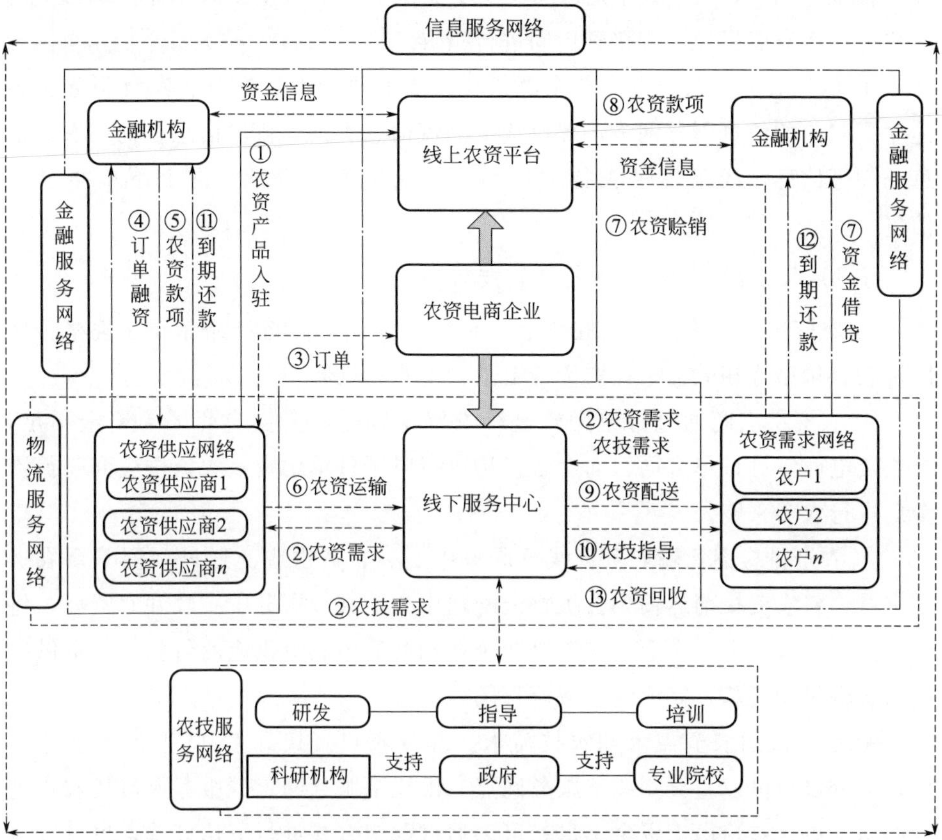

图 5-12 “多主体-多功能-闭合流程”的农资 O2O 供应链体系模型

线下（服务站点）等多种渠道查看农资销售及相关服务等信息。

④ 金融服务主体。由农资电商自身或联合银行、信用社等金融机构组成，主要负责向农资供应商、农户提供农资款项。

⑤ 农技服务主体。由农资电商、政府、科研院所、专业院校等共同形成农技服务主体，各主体确立自身的服务内容，主体间确立合作内容。

（2）农资 O2O 供应链多功能分析

① 物流服务。围绕农资供应链物流活动，全面整合自有物流资源与社会物流资源，构建“干线运输＋电商自有物流资源＋终端配送”的农资 O2O 供应链物流服务网络。

② 金融服务。农资电商采取自营或与农资 O2O 供应链线下覆盖区域内的金融机构建立合作关系，建立农资 O2O 供应链的金融服务网络。

③ 农技服务。农资电商联合政府、科研院所、专业院校等其他主体，形

成农技服务网络，负责线上对农资需求方进行指导，线下委派专业技术人员对农户进行面对面指导，直接到田间进行指导。

④ 信息服务。农资电商与金融机构、农资供应商、农户、农技服务主体建立了双向的信息服务网络，提供线上物流信息查询、订单信息查询、农技信息查询等信息，线下提供农技知识培训、农资产品介绍、网上下单指导等信息。

（3）农资 O2O 供应链闭合流程分析

① 农资供应商将产品入驻线上平台。农资供应商将产品品类、规格、使用说明、价格等相关信息在农资线上平台上进行发布。

② 农资供应商通过订单融资进行农资采购。农资供应商因为资金不足，与农资电商签订订单合同，向金融机构进行电子订单融资，农资供应商获得资金后进行农资采购。

③ 农资供应商运输农资到线下服务中心。农资供应商通过预测平台农资需求量，将农资提前运输到县级物流配送中心，县级服务中心收到农资后，将信息传递给农资电商企业，农资电商企业到期后向农资供应商付款，农资供应商向金融机构还款，完成资金流流程闭合。

④ 农户发出农资需求和农技需求。部分农户直接到 O2O 平台上下达订单，部分农户可以直接到线下服务网点，由线下服务网点的服务人员代农户进行网络下单。农户由于资金不足，可以通过赊销方式进行下达订单，也可以通过向金融机构借贷获得资金进行农资下达订单。

⑤ 农资配送到农户。当获得线上平台的农资订单后，由县级物流配送中心配送至村级服务站，再到农户。

⑥ 对农户进行农技指导。根据农户对农技的需求，在指导农资购买的时候，线下服务网点的技术人员对农资的使用进行指导；在农户获得农资后使用过程中，线下服务网点指派专业技术人员对农资的使用进行详细指导。

⑦ 农资使用、需求等信息反馈。技术人员在指导农户使用农资过程中，了解到农户对农资的需求信息，及时反馈到线下服务网点的农技服务网络、农资供应网络，实现精准营销和农技服务，实现农资信息流闭合、农技服务流闭合。

⑧ 剩余农资回收。农户在使用农资过程中出现的剩余农资，由县级服务中心和村级服务站进行农资回收，实现农资物流闭合。

农资 O2O 供应链体系实现了“物流、资金流、信息流、农技服务流”的线上线下有机融合，实现低成本、规模化运作，从根本上解决农资供应链中资金不足、农技服务需求得不到满足、农资物流成本高等问题。

第⑥章

农资O2O供应链体系仿真

6.1 系统动力学在农资供应链中的适用性分析

系统动力学（System Dynamics，SD）由美国麻省理工学院的福瑞斯特（Forrester）教授于1956年始创，是一种利用计算机仿真动态地研究社会系统行为的方法，系统动力学来自系统论，又结合了控制论、信息论，实现了对控制论、决策论和信息论的理论和方法的综合，深入研究系统的反馈结构和行为过程，从系统的内容剖析问题发生的根源，又借助计算机工具，进行仿真分析实验，依据仿真的结果，对系统结构和行为进行进一步分析和探讨，进而为科学的决策提供依据，是一种定性和定量分析结合的方法。

6.1.1 系统动力学在农资供应链复杂系统中的应用

系统动力学是研究复杂系统的常用方法，农资供应链属于复杂系统，用系统动力学能够很好地解决农资供应链中的实际问题。应用系统动力学研究农资供应链系统的目的主要包括以下几个方面。

① 系统动力学是根据结果产生的不同条件，通过试验的方式，评估假设与策略之间的一致性，是有条件的预测，并不要求对未来准确把握。

② 系统动力学用于研究农资供应链系统策略的长期效果，通过分析农资供应链系统可能产生变化的一些影响因素，在一个相对宽广的时间范围内进行试验，当这些系统的关键变量发生变化时，判断其能够产生的演化特性，并对其进行科学解释。

③ 系统动力学可以评估农资供应链系统中每个因素的作用，分析不同因素产生不同的行动后，将如何增强或削减农资供应链系统行为的趋势，系统动力学采用的是系统结构决定系统行为的原理。

④ 系统动力学适合处理数据精度要求不高的复杂的农资供应链管理问题。在建立好系统动力学流图，对流位变量设置初始值以后，就可以进行系统动力学仿真，选择一个时间长度进行指标的演化趋势分析，所以系统动力学仿真只需要依据因果关系和有限的数据就可以做出演化趋势的判断，适合解决农资供应链管理过程中出现的数据不足、精度不高时的系统分析问题。

6.1.2 系统动力学在农资供应链中的应用过程

系统动力学建模步骤示意如图6-1所示。

按照系统动力学步骤，应用系统动力学方法研究农资供应链的过程，包括定性分析和定量分析两个阶段。定性分析是对农资供应链的关键因素进行因果分析，明确引起供应链变化的主要影响因素和驱动因素，建立因果关系图；在定量分析过程中，首先是界定农资供应链的物流、信息流、资金流的系统边界，确定输入和输出，建立概念模型和流图模型。物流主要用来分析库存量、缺货量的变化情况等；其中资金流主要用来分析现金流量趋势、融资比例、融资期限等；信息流主要用来分析信息的开始、终止的位置。其次是通过计算机仿真的方法可以弥补数据的缺少带来的问题，利用从农资供应链系统中收集来的真实数据，对模型进行一个交互式的检查，通过对模型的有效性验证后，就可以进行试验，找到最佳的农资供应链管理实践。常用的系统动力学仿真工具是 Vensim 平台。

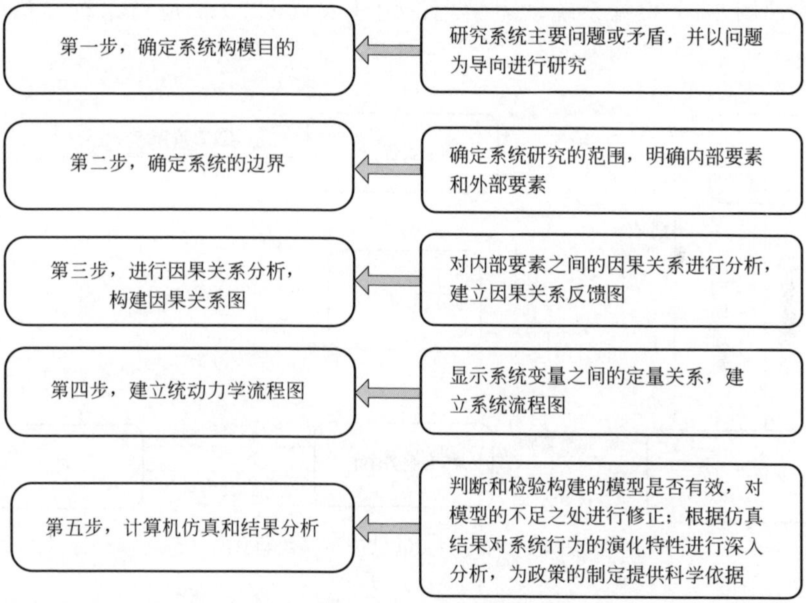

图 6-1 系统动力学建模步骤示意

6.2 问题的提出

通过农资 O2O 供应链体系的构建，将有效地扩大农资市场需求，但农资 O2O 供应链绩效取决于体系中的物流、信息流和资金流有效运作。农资 O2O 供应链资金流方面，上游的农资供应商是否将面临资金问题？当农资需求量随时间和季节变化而出现数量变化较大时，建立的农资 O2O 供应链体系，能否有效为农资供应商提供融资服务？能否提升资金运作效率？能否降低物流成本？本节将结合系统动力学理论，考虑复杂农资需求背景下，分析农资 O2O 供应链体系中物流、信息流和资金流将出现的问题，并为问题的解决提供有效的参考。

6.3 因果链与反馈分析

6.3.1 系统结构性构建

参照图 5-7，根据系统动力学理论构建农资 O2O 供应链系统结构框图，如图 6-2 所示。

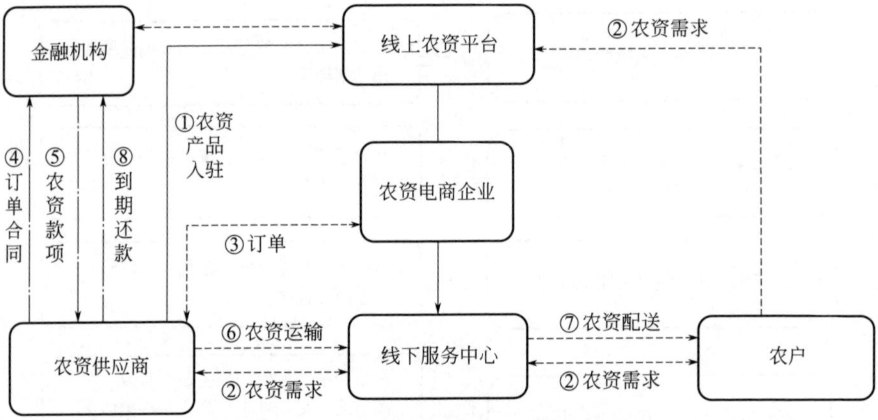

图 6-2　农资 O2O 供应链系统框图

农资 O2O 供应链主要包括农资电商、农资供应商和农户等多个主体，涉及物流、资金流和信息流。农资 O2O 供应链模型研究的系统边界包括农资 O2O 供应链上游的农资供应商、农资电商和构成农资市场需求的农户。模型中以具有一定资金基础的、经营多种农资产品的农资供应商为对象，该系统模拟和分析在农资 O2O 供应链体系构建后，随着农资供应链服务水平的提高，农户农资需求量增大后，对于供应链上游农资供应商、农资电商可能出现的资金流、物流问题，同时该系统模拟和分析农资 O2O 供应链体系对解决上述问题的作用。

6.3.2 农资 O2O 供应链农资供应商资金问题分析及解决方案

正如前文描述，在我国农资行业中，赊销是农资销售最常见的手段，因果分析如图 6-3 和图 6-4 所示，随着农资产品订单量的增大，农资供应商由于赊销销售方式将面临资金问题。农资供应商只能通过慢速的资金积累来逐步扩大农资超频销售量。为了满足农资市场需求，农资供应商将会有融资需求。传统融资是金融机构根据融资对象的信用状况以及融资企业所能够提供的担保资产的价值，在一定的限额内向融资对象发放贷款。但根据实际调研的结果，大部分农资供应商的规模较小，普遍缺乏抵押担保的资产，农资供应商的信用对金融机构而言风险较大，难以获得金融机构的贷款。上述情况使农资供应商普遍融资困难，造成资金短缺。资金短缺将造成农资 O2O 供应链中农资供应商经营困难，从而影响整个农资 O2O 供应链的绩效。

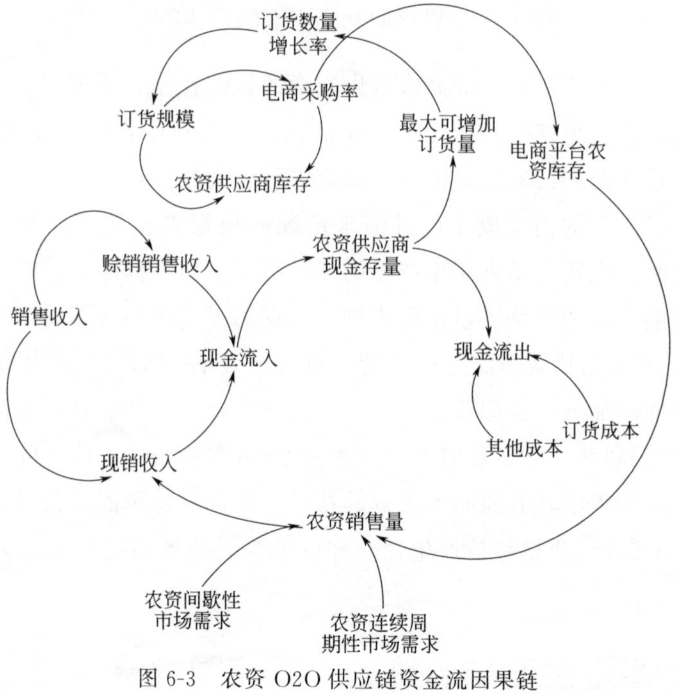

图 6-3　农资 O2O 供应链资金流因果链

供应链融资为农资供应商提供了一种新型的金融服务模式，可以帮助农资供应商解决融资问题。实际操作过程中，以农资 O2O 供应链电商平台为基础，农资 O2O 的上游农资供应商为授信主体，基于农资实际交易的订单进行融资。相较于传统融资，它利用了互联网的优势，订单融资可以降低农资 O2O 供应

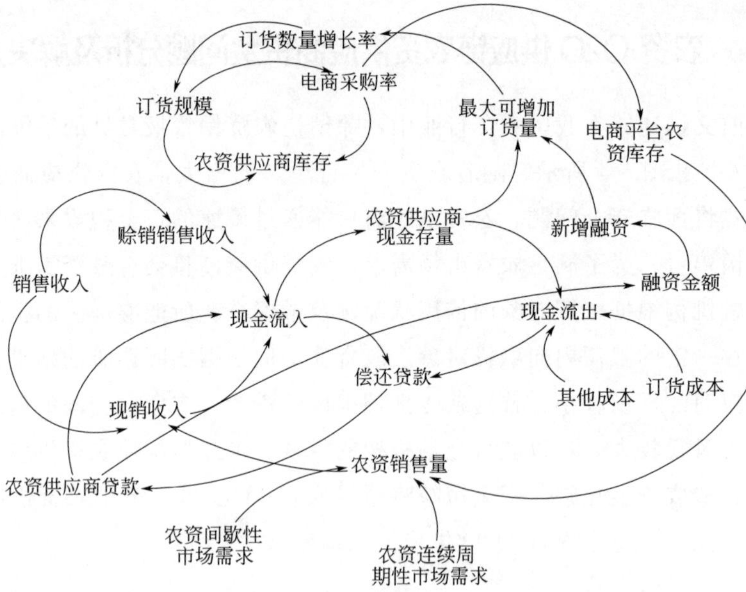

图 6-4　农资 O2O 供应链订单融资因果链

链中电商平台的资产负债，提高农资供应商的授信比率，不再仅仅局限于申请融资的农资供应商生产经营情况等常规信息，根据其在农资 O2O 供应链电商平台上的信用状况和交易记录信息，从而进行综合性授信评价。

农资市场需求的情况复杂，其需求情况应根据农业生产周期来考虑，农资，比如化肥、农药，是常年生产但属于季节性消费的商品，其需求量随农作物的生长周期出现淡旺季。以化肥为例，根据国家发展和改革委员会及财政部 2005 年制定的《化肥淡季商业储备管理办法》与各省的实际操作情况，目前对淡旺季的规定如下：氮肥旺季为 2～6 月、9 月～11 月 15 日；重过磷酸钙旺季为 2～5 月；磷酸一铵、磷酸二铵旺季为 2～5 月、8～10 月，可见农资特别是化肥在实际需求中具有间断不连续的特性。因此在这种需求背景下，订单融资将对农资 O2O 供应链绩效产生什么样的影响，需要通过系统动力学仿真进行研究。

6.3.3　模型假设与系统动力学流图构建

（1）模型的基本假设

① 模型的构成：模型由农资供应商、电商平台和农户组成，农资供应商和农资电商平台签有长期合作合同。

② 根据上文分析，农资供应商将面临资金问题，当农资供应商面临资金

问题时会影响到农资电商的缺货量。

③ 农资 O2O 供应链建成后，农资服务和保障体系的成熟，将会使农户农资产品需求增大，但农资需求随时间、季节变化较大，模拟时将多方面考虑需求变化。

（2）农资 O2O 供应链体系的系统动力学流图构建

采用 Vensim 仿真软件构建农资 O2O 供应链体系 SD 模型，该系统动力学模型分为资金流部分和供应链物流部分，见图 6-5 和图 6-6。

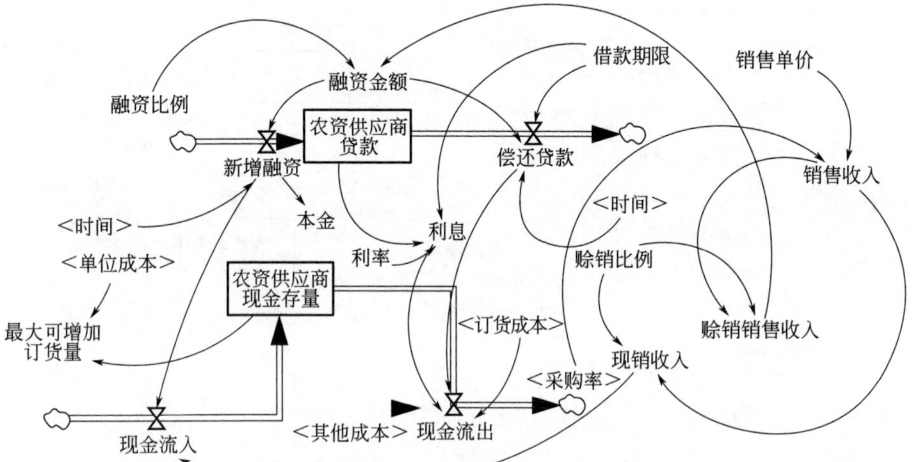

图 6-5　农资 O2O 供应链资金流系统动力学流图

农资供应商订单融资增加了农资供应商的现金流入量，但是农资供应商的现金量受到农资市场需求和缺货量的限制。系统动力学模型变量方程关系见表 6-1。

表 6-1　系统动力学模型变量方程关系

变量(y)	变量方程
农资供应商现金存量	y=INTEG(农资供应商现金流入－农资供应商现金流出)
融资金额	y=赊销销售收入×融资比例
偿还贷款	y=IF THEN ELSE(Time≤1,IF THEN ELSE(Time<(融资期限+1),融资金额/融资期限,0),0)
农资供应商现金流入	y=农资供应商新增融资+农资供应商现销收入
农资供应商现金流出	y=偿还贷款+利息+订货成本+其他成本
订货数量增长率	y=MIN(最大可扩大订货规模,订货规模缺口)
订货规模缺口	y=MAX(供应商产品采购量－订货规模,0)

续表

变量(y)	变量方程
采购率	y＝IF THEN ELSE(订货量≥经济订货量,经济订货量,订货量)
经济订货批量	y＝(2×农资需求量×订货费用)/单位存货费用

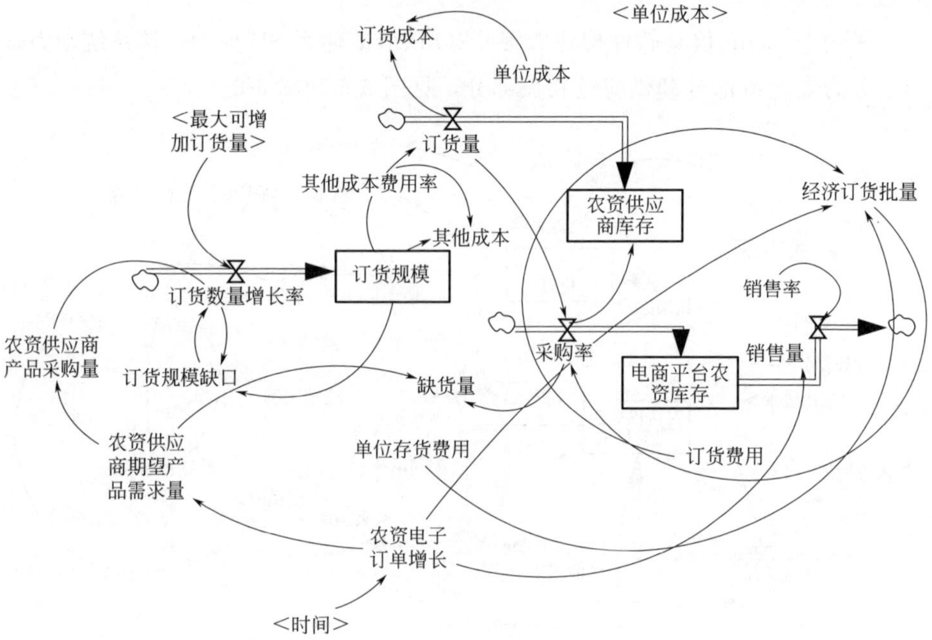

图 6-6 农资 O2O 供应链物流系统动力学流图

（3）农资市场需求量分析

农资市场需求量：因农资市场需求量变化较大，且季节性很强，因此参照某种农资的实际需求量，假设为间歇性需求和周期性需求两种类型。

① 农资市场需求为间歇性需求的情况。

a. 农资市场需求量 1。设置为随机函数在农资 O2O 供应链建立后无间歇性需求，假设农资需求在第 5 月和第 15 月发生快速增长。

IF THEN ELSE(Time＜＝5,180＋RANDOM NORMAL(－20,20,0,5,0)，IF THEN ELSE(Time＜＝15,230＋RANDOM NORMAL(－20,20,0,15,0)，260＋RANDOM NORMAL(－20,20,0,15,0)))，见图 6-7 农资市场需求量 1。

b. 农资市场需求量 2。设置为农资 O2O 供应链建立后，农资间歇性需求，分两阶段快速增长。假设农资市场需求在第 0～5 月和第 10～36 月产生间歇性需求，并快速增长。

IF THEN ELSE(Time<=5,200+RANDOM NORMAL(-20,20,0,5,0), IF THEN ELSE(Time>=5:AND:Time<=10,0,280+RANDOM NORMAL(-20,20,0,15,0)))，见图6-7农资市场需求量2。

c. 农资市场需求量3。设置为农资O2O供应链建立后，农资间歇性需求，分两阶段快速增长。假设农资市场需求在第0~10月和第20~36月产生间歇性需求，并快速增长。

IF THEN ELSE(Time<=10,220+RANDOM NORMAL(-20,20,0,5,0), IF THEN ELSE(Time>=16: AND: Time<=20,0,300+RANDOM NORMAL(-20,20,0,15,0)))，见图6-7农资市场需求量3。

d. 农资市场需求量4。设置为农资O2O供应链建立后，农资间歇性需求，分两阶段快速增长。假设农资市场需求在第0~16月和第22~36月产生间歇性需求，并快速增长。

IF THEN ELSE(Time<=16,220+RANDOM NORMAL(-20,20,0,5,0), IF THEN ELSE(Time>=16:AND:Time<=22,0,280+RANDOM NORMAL(-20,20,0,15,0)))，见图6-7农资市场需求量4。

e. 农资市场需求量5。设置为农资O2O供应链建立后，农资间歇性需求，分两阶段快速增长。假设农资市场需求在第0~18月和第30~36月产生间歇性需求，并快速增长。

IF THEN ELSE(Time<=18,240+RANDOM NORMAL(-20,20,0,5,0), IF THEN ELSE(Time>=18:AND:Time<=30,0,320+RANDOM NORMAL(-20,20,0,15,0)))，见图6-7农资市场需求量5。

② 农资市场需求为连续性周期需求的情况。

a. 农资市场连续性周期需求1。设置为农资O2O供应链建立后，农资周期性需求，分两阶段快速增长。假设农资市场需求在第0~10月和第20~28月产生增长，且增长速率不同，并在36个内周期性变化，需求函数为ABS(180+660*SIN(Time/6))，见图6-8中农资市场连续性周期需求1。

b. 农资市场连续性周期需求2。设置为农资O2O供应链建立后，农资周期性需求，分三阶段快速增长。假设农资市场需求在第0~6月、第13~18月和第24~30月产生增长，且增长速率不同，并在36个月内周期性变化，需求函数为ABS(150+550*SIN(Time/4))，见图6-8中农资市场连续性周期需求2。

c. 农资市场连续性周期需求3。设置为农资O2O供应链建立后，农资周期性需求，分六阶段快速增长。假设农资市场需求在第0~4月、第7~10月、

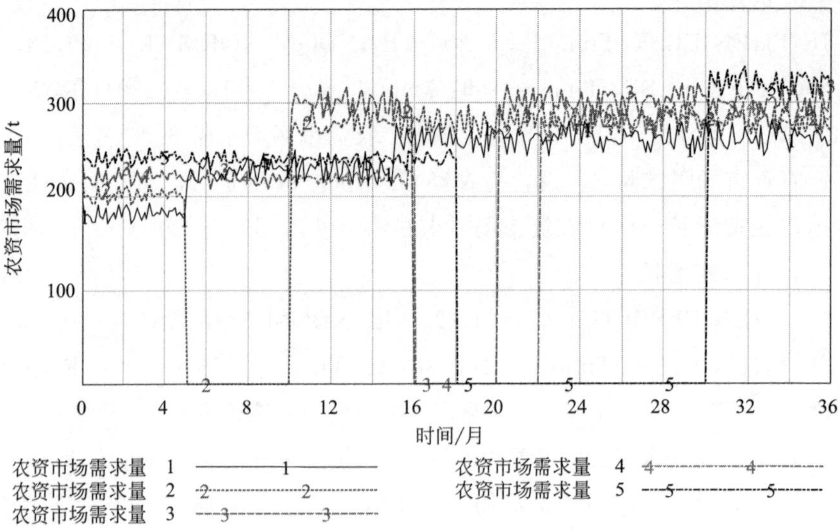

图 6-7 农资市场间歇性需求示意

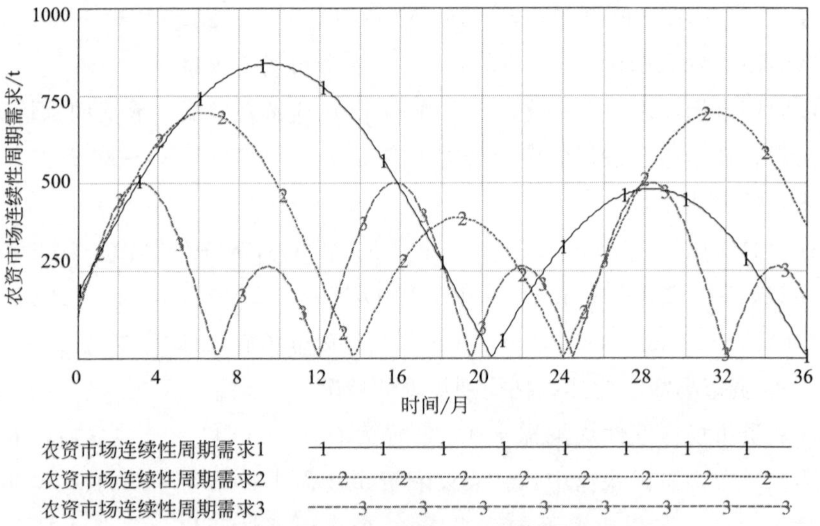

图 6-8 农资市场连续性周期需求示意

第 12～15 月、第 20～22 月、第 24～26 月和第 32～34 月产生增长，且增长速率不同，并在 36 个内周期性变化，需求函数为 ABS(120＋380 * SIN(Time/2))，见图 6-8 中农资市场连续性周期需求 3。

（4）初始值和常数值的确定

初始值考虑订货规模、农资电商库存和农资供应商初始资金，分别为 50t、600t 和 100000 元，见表 6-2。

表 6-2 农资 O2O 供应链系统动力学仿真初始值

名称	数值
订货规模	50t
农资电商库存	600t
农资供应商初始资金	100000 元

销售单价以全国 2017 年度尿素价格作为参考，见图 6-9，确定系统动力学模型中某农资的销售单价为 1850 元/t。根据相关文献［100］，订单融资中相关参数设定对供应链整体绩效影响显著的主要是融资比例和融资期限。融资比例与农资经销商的现有规模和现金量密切相关，农资经销商的经营规模、现金量决定了其融资比例，根据实际调研及案例分析的结果，拟确定农资经销商的融资比例为 0.3。融资期限根据农业生产周期来设计，因农资供应期限较长，融资期限一般在 1 年以上，根据文献［101,102］选择 2～3 年比较合适，本系统动力学仿真模型融资期限设定为 3 年（36 个月），见表 6-3。

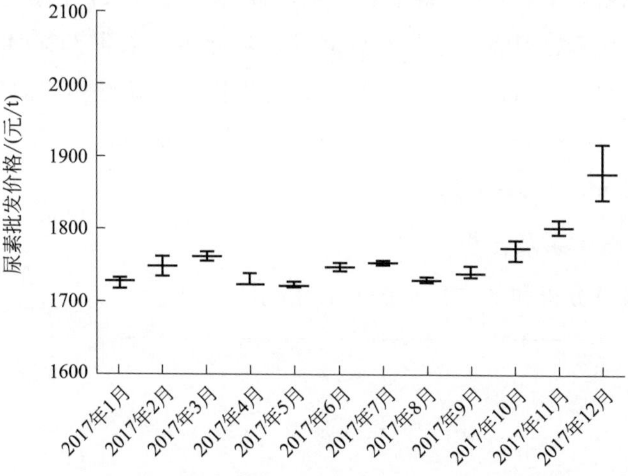

图 6-9 全国尿素的批发价格（数据来源：布瑞克农业数据终端）

表 6-3 银行借贷、互联网金融＋供应链金融产品的利率水平

金融产品名称	年利率/%	月利率/%	融资期限/月	贷款额度/万元
银行借贷	6～8	0.5～0.67	12	100
中瑞财富（互联网金融＋供应链金融）	6～12	0.5～1	36	100(法人或组织)，20(个人)
中信供应链金融	5～8	0.42～0.67	12、24、36	60
平安供应链金融	6～9	0.5～0.75	24	60
金芝麻供应链金融	5.6～7.8	0.47～0.65	24	60

将相关的融资比例、融资期限、利率、赊销比例、销售率、销售单价等信息列入表 6-4 中，考虑到农产品的生产周期，采用融资期限 36 个月，月利率为 0.6%。

表 6-4　系统动力学模型参数设置

常量	数值
融资比例	0.3
融资期限	36 个月
利率(月利率)	0.6%
赊销比例	80%
销售率	65%
销售单价	1850 元/t

6.3.4　模型仿真及结果分析

（1）仿真参数设置

该模型以农资 O2O 供应链上农资供应商为研究对象，根据上文的已知条件，该农资供应商已具备一定的经营规模，然而由于农资 O2O 供应链服务水平提升，农资订单数量的增加需要增加订货规模，但缺乏相应的资金，仿真 5 种农资需求类型下通过订单融资解决农资供应商的资金周转问题，Final Time＝36，Time step＝0.125。

（2）仿真结果及分析

仿真结果及分析如图 6-10～图 6-13 所示。

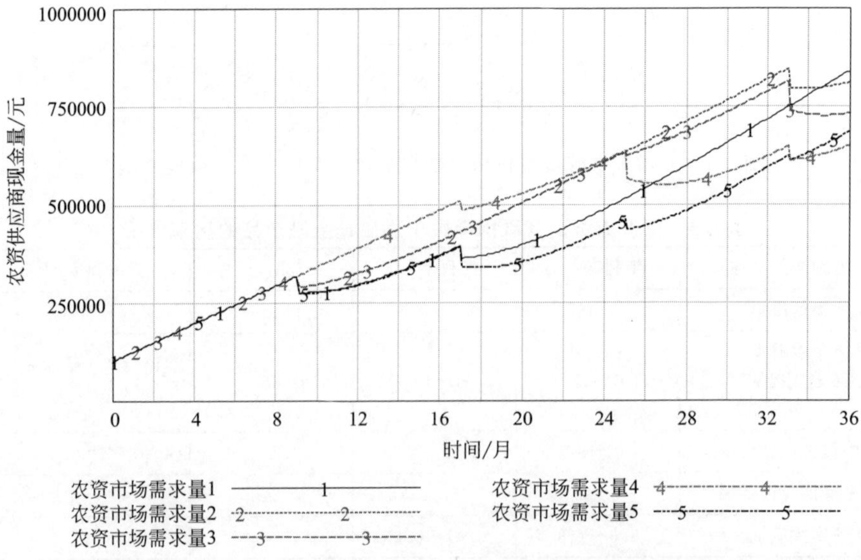

图 6-10　农资 O2O 供应链农资供应商现金（农资间歇性需求）

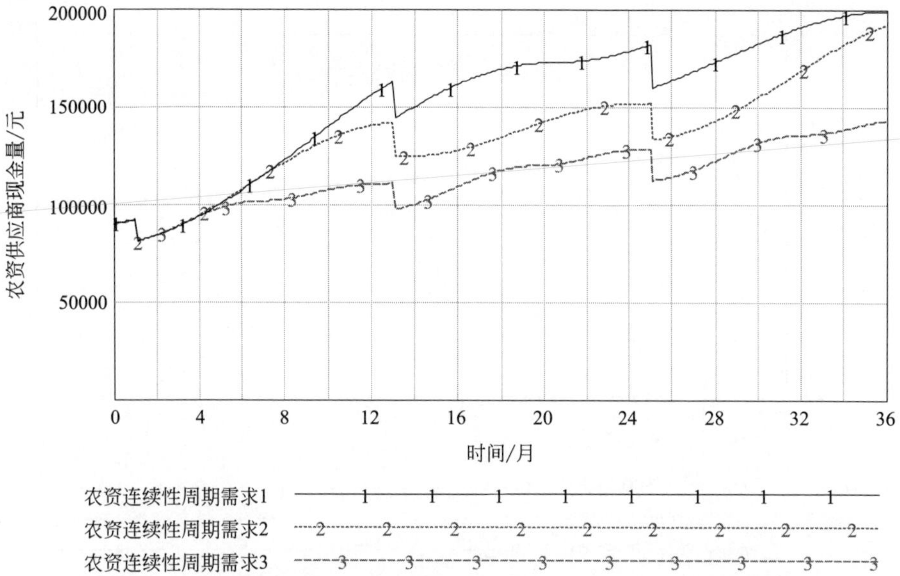

图 6-11 农资 O2O 供应链农资供应商现金（农资连续性周期需求）

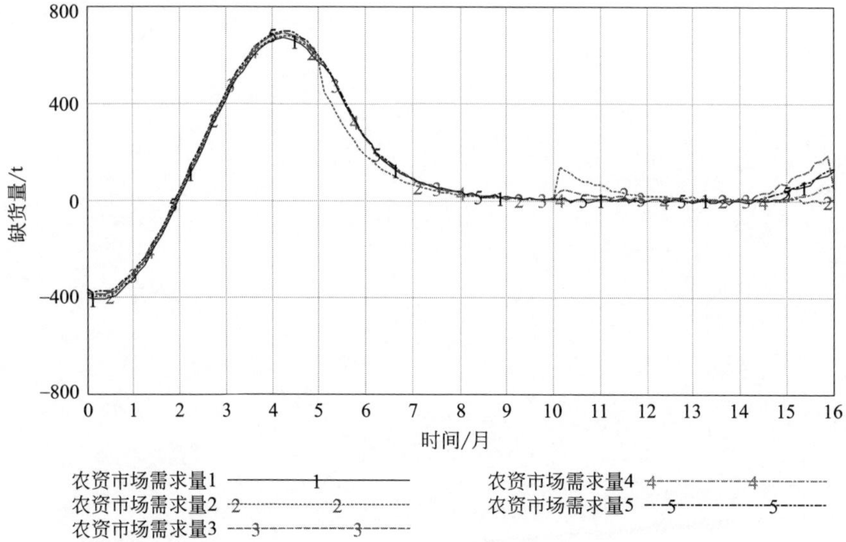

图 6-12 农资 O2O 供应链电商平台缺货量（农资间歇性需求）

从仿真结果可以看出，经过订单融资后，不同农资市场需求下的农资供应商现金存量均增加，而且电商平台的缺货量也都显著减少，订单融资减轻了农资供应商的资金匮乏问题，同时改善了电商平台的经营状况。从农资 O2O 供应链建立后不同需求变化的模拟结果中可以看出其对农资供应商的现金存量会有一定的影响。而且，可以根据缺货量的数值设置最低库存水平。

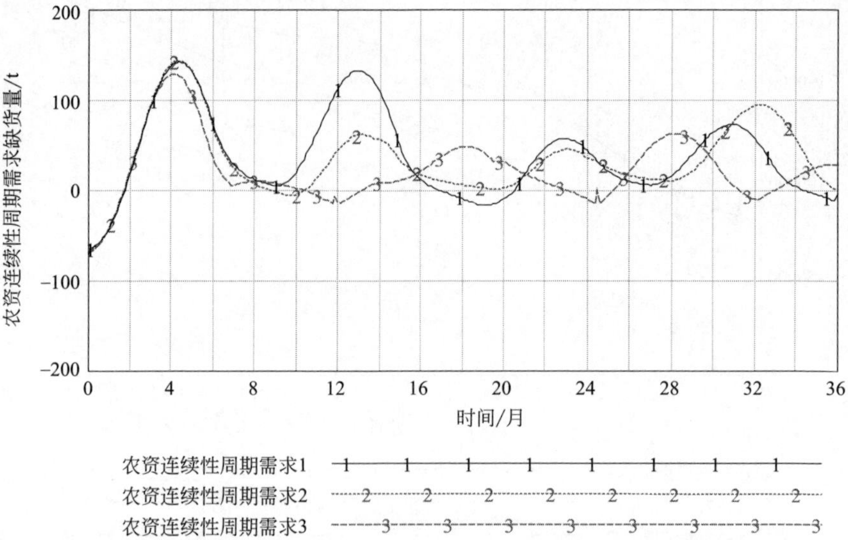

图 6-13　农资 O2O 供应链电商平台缺货量（农资连续性周期需求）

第⑦章

农资O2O供应链体系绩效评价

7.1 农资 O2O 供应链体系绩效评价指标选取与设计

7.1.1 O2O 供应链绩效影响因素分析

本研究主要通过查阅供应链协同、供应链协同绩效评价、农资供应链、供应链评价模型等领域内的国内外研究情况，基于这些研究，整理之前研究者对在供应链协同影响因素方面的研究，提炼出 33 个供应链协同绩效影响因素指标。周荣辅、赵俊仙（2008 年）针对制造型企业和制造型服务企业提出供应链绩效评价指标，将财务、业务、发展水平、客户服务水平以及应对风险水平等作为一级指标，15 个二级指标，20 个三级指标；彭志忠（2008 年）根据供应链协同的因素建立了将信息效率、业务流程、财务业绩、客户满意作为一级指标的评价体系；陆杉、高阳等（2007 年）指出为建立更好地满足 SC-BSC-SCOR 模型的评价指标体系，应该将评价指标划分为内部绩效评价指标体系和整体绩效评价指标体系[44]；何永贵、陈通（2008 年）在对制造业供应链系统进行实证分析时从信息、业务、财务、客户服务以及抵御风险协同几个维度展开，建立了具有 18 个下层指标的评价体系；王延娜、冯艳飞等（2010 年）研究得出制约供应链协同绩效的重点包含购买、生产以及销售环节、公司资本运转，整个供应链的运转速度以及协调程度、信息沟通情况等，因此把信息、资金、业务、客户服务水平以及系统适应程度当作上级指标；周强、张勇（2008 年）从节点企业绩效水平、运作绩效水平、绿色水平三个大的层面细分出 10 个二级指标，31 个三级指标；贾瑞霞、李云（2010 年）围绕整个供应链运作开展详细分析，其研究主要以财务、顾客满意程度、整个系统的协调程度以及未来发展能力几个方面提炼研究指标，建立所需的整个指标体系。

Omkarprasad Vaidya（2006 年）以印度一家化工企业为例，构建基于多标准的供应链绩效评价体系，包含了成本、资产管理、质量、供应商和协作能力五个指标；杨瑾（2013 年）根据前人研究成果归纳出大型复杂产品制造业集群供应链的特点，选取协同性、可靠性、柔性质量管理和成本控制作为绩效评价指标。Kazi Arif-Uz-Zaman、A. M. M. Nazmul Ahsan(2014 年）考虑到供应链中的五个要素（计划、来源、制造、交付和返还）和精益实施，以 SIGMA 服装（编织）制造公司做供应链绩效评价的实证研究，以成本、质量、时间和灵活性作为一级指标评价体系，再设置23个二级指标。

整个供应链看成一张网，这张网是由供应企业、上游供应企业、下游企业以及最终用户构成的。每个企业都是其中的一个点，它们互相之间的联系可以称为是供应者与需求者的联系。整个供应链具有协调性和整合性，选择性和动态性，复杂性和虚拟性，面向用户需求以及交叉性。供应链的管理就是对供应链中的物流、资金流和信息流进行的计划、组织、协调以及控制。目的是将最终用户需要的商品可以在合适的时间内、保质保量地送达客户的手中，同时整个环节的费用最省。即可以认为是指供应链管理目的是在总费用最省、为顾客提供的服务最好、总体所占用的库存最少、运转周期最小和物流服务质量最好等目的间找到最好的一点，进而达到整个供应链绩效水平最好。

7.1.2 O2O供应链绩效评价指标选取

（1）信息融合效率

所谓信息融合即为运用各类平台以及技术工具，实现各个企业互相沟通合作，同时能够均衡分散资源，信息可以有效地交互，大大提升了信息的使用效率以及存在意义。整个环节的各类参与企业之间信息是否能够真正实现共享以及彻底共享是十分关键的，其将会对各类参与企业的费用造成一定影响。

① 信息有效率。由于各种可能的原因，供需双方传递的信息不都是有效信息，只有有效的信息才能帮助企业做出正确的决策。

$$\text{信息有效率}=\frac{\text{传递有用的信息量}}{\text{传递的总的信息量}}\times 100\% \tag{7-1}$$

② 信息共享准确率。公司的上层领导只有透彻地研究整个环节的各类信息，才可以有的放矢地做出正确的决策，指导公司的未来发展。准确的信息能够帮助管理层制作精准的决策，不正确的信息会对决策产生巨大的不利。因此，信息传递的准确率将影响供应链的信息协同程度和供应链的整体利益。

$$\mathrm{TZ}=\frac{\mathrm{IPZ}}{\mathrm{IPT}}\times 100\% \tag{7-2}$$

式中 IPZ——一定时期内，供应方和需求方互相之间正确传送的信息总量（次数）；

IPT——一定时期内，供应方和需求方互相之间进行信息交换的次数。

③ 信息及时共享率。因为信息和时间有密切的联系，如果整个环节的节点在信息交换和分享时稍存在一定滞后性，势必会对整个环节的沟通造成重大

的影响。信息传递的及时性是一个相对的概念，不同的人对信息的及时性理解不尽相同，所以供需双方在协作过程中应该就信息传递周期有相同的看法，就是说应当制定一个具体的规划，确定信息交流的频率，如果沟通是在规定的期限内可以视为信息是有用的，那么不在规定期限内的信息会被认为是迟缓的。

$$JS=\frac{IPJ}{IPT}\times 100\% \tag{7-3}$$

式中　IPJ——一定时间内，供应方和需求方互相之间按时传输的信息数量（次数）；

IPT——一定时间内，供应方和需求方互相之间传输信息的频次。

（2）业务融合

业务流程的融合是O2O供应链的关键部分，业务流程能否完美运行是整个供应链有效运行的关键。本研究具体分析了业务流程环节中计划、采购、生产以及销售等环节，具体能够参照下面四个方面来分析供应链业务融合的具体水平。

① 预测准确性。供应链各个环节的顺利开展都需要事前进行一定的规划，事前要进行准确的预测才能保证一系列活动的正常运行。当今时代，精准预测已经成为一项非常关键的标准，对企业来说是非常关键的。在整个供应链的环节中，此项指标的数值是所有参与成员预测精准程度的平均数值。

② 产品综合质量合格率。质量能够很大程度地影响商品的竞争能力，而产品的综合质量合格水平表明商品的优劣，会对消费者的满意程度以及忠诚度产生较大的影响。此处提及的产品综合质量合格率不但包含核心企业的商品合格情况，还包含上游企业所提供产品的合格情况。

③ 产销率。供应链的产销情况能够折射出某段时间的整个供应链的经营情况，还可以从另一个角度评估整个环节的各类资源的使用情况、库存情况以及产品的品质，在整个供应链的环节中占据重要地位。

④ 平均准时交货率。交货水平也是一个供应链协同环节的关键指标，如果存在一个节点企业不能够按时上交货物，会引发整个环节的交货出现延迟。因此供应商和需求商之间需要构建合作伙伴的关系，确保能够准时交货。准时交货率等于某段时间能够准时交货的频次除以总计的交货频次。准时交货指的是依照采购商的需求在其规定的时间里把所需商品运送至采购商手里。准时交货的水平越好，证明整个供应链环节的协同协作能力越强，其中准时的频次以及总的交货频次均是已知的。

$$R_{\mathrm{d}}=\frac{1}{n}\sum_{i=1}^{n}\frac{T_i}{D_i}\times 100\% \tag{7-4}$$

式中 R_{d}——物资平均按时交货率；

T_i——第 i 种物资按时交货频次；

D_i——第 i 种物资总交货频次；

n——物资总交货频次。

（3）客户服务质量

伴随着人们对服务观念越来越重视，供应链成员需要越发地关注客户服务水平这个指标，倘若客户不能获取自己期待的服务，就可能会转移合作目标，进而会不利于整个供应链的运作。因此，对于整个供应链来说，需要从时效性、品质保障、可靠程度几个角度来考虑提高客户服务能力。

① 顾客满意度。顾客满意度是一个关键的指标，它是整个供应链的重中之重，因为商品的价值最后是依靠顾客满意来实现的。消费者对商品满意程度越高，表明整个环节的协同水平越好。此处，A、B、C 分别表示产品合格率、准时交货率、产品价格期望率在顾客满意方面占据的比重。

$$\text{顾客满意度}=A+B+C \tag{7-5}$$

② 金融贷款及时结算率。对于敏捷供应链体系来说，供应链中的每个节点不但信息、物流能够迅速反应，资金的流动也十分迅速。由于资金运转速度飞快，致使其周转速度明显增高，利用率也很高。倘若贷款不能够迅速回收，那些供应链节点中规模较小的企业，资金周转可能十分不便，还有可能造成破产，进而不利于整个供应链的持续运营。因此，需要将货款及时结算率作为关键指标。

$$\text{结算率}=\frac{1}{m}\sum_{j=1}^{m}\frac{b_j}{B_j}\times 100\% \tag{7-6}$$

式中 m——供应链上节点企业的数量；

b_j——即时到账次数；

B_j——贷款的总频次。

此处的按时结算通常是表示货物到达后马上付款，一些企业为了方便开展协作，通常会给予其合作企业一定的时间，一定的期限，如果在规定时间内付款，均能够称作及时付款。

③ 顾客问题及时解决率。整个供应链环节中，供应商和需求商之间为提升协作能力，稳固合作的地位，一定要重视双方的互相反馈，倘若反馈不能够

获得回应，就会不利于接下来合作的顺利开展。因此，能够运用问题解决率来进行估计。如果解决得好，双方就更加愿意合作，进而协同程度越好。

④ 客户流失率。所谓客户流失是指顾客对所购商品、服务不满意的表现。另外，客户流失较多还会从侧面反映供应链运行十分不稳，企业必须要寻求新的用户，同时还要花费一定的费用去维持客户，还要同新客户再次磨合、再次构建一定的协作关系。因此，企业一定重视客户的流失。

$$客户流失率=\frac{流失的顾客数量}{顾客总数量} \tag{7-7}$$

⑤ 订单满足率。在供应链的整体运行中，能否准确履行订单所需是十分关键的。准确履行订单所需指的就是把商品依照时间的需要，恰好送到最终用户的手中，还要确保商品和订单上数据资料的一致性。总结来说，准确履行订单要在时间、数量、品质方面做到完美，因此本研究用订单满足率衡量订单的履行情况。

$$订单满足率=\frac{实际向顾客交付的订单数}{客户订货的数量} \tag{7-8}$$

（4）抵御风险能力

即使整个供应链中均存在利益的相关性，但是整个供应链上的各个企业都是自己独自经营的个体，它们都会制定自己的经营策略、有自己的目标销售群体、技术能力、运作能力和属于自己的内部文化，这些因素都会影响整个供应链的稳定，进而产生一定风险，因此合作商的选择也是十分关键的。

① 战略融合度。战略融合是O2O供应链的关键，其能够束缚整个供应链各个环节的参与成员的行为。战略协同度首要表现于各个参与成员最终的战略方向是不是相同，然后表现于未来的战略发展规划程度是不是相似，以及各个参与企业是否按照计划旅行职责。

② 成员信任度。只有整个供应链环节的各个参与者能够相互信任、相互协作，才能提升整个供应链的协同程度。但供应链环节中的各个参与者互相之间的信任程度是定型的，能够用合作程度、时间、履行约定程度等维度来表示，同时可以运用专家打分的方式来具体判定。

③ 成员变动率。通过供应链成员的变化情况能够判断整个供应链的稳定程度，整个供应链是一个有机的整体，倘若在运行中存在某一参与伙伴退出的情况，会对整个供应链的各个环节都造成一定程度的影响。例如一个供应企业退出，位于其下方的企业就会造成不能运行的情况；若是一个销售商退出，可

能会引发整个供应链资金周转问题，致使生产活动也不能顺利开展。因此，从上面的种种行为能够推断出成员变动率对整个供应链来说是十分关键的。

$$W=\frac{2W_{i}}{W_{c}+W_{m}} \tag{7-9}$$

式中 W——供应链成员变化率；

W_{i}——一定时期内供应链参与成员增加或者减少的数量；

W_{c}——开始的供应链成员数量；

W_{m}——最终的供应链成员数量。

④ 利润分配合理性。主要通过总资产报酬率、信息沟通成本、测土配肥成本和供应链服务收益增长率这四个指标来表明企业现有的供应链各个环节的运行情况。

（5）财务指标

主要利用供应链利润率、测土配肥成本和供应链服务收益增长率等指标来反映企业当前的精益供应链运作状况。

① 供应链利润率。供应链利润率可以理解为农资经过整个供应链的各个环节，由制造厂商通过代理厂商、分销厂商至用户手中这一系列环节中增加的价值和总体收益的比值。此项指标能够表明整个供应链的利润水平，能够判断合作联系能否给企业创造经济利益。可以看出，如果这个指标的数值越大，越能够表明合作企业获利较多，这项指标能够综合评判，与仅测量制造企业或代理企业、分销企业利润相比更加合理有效。

$$R=AR_{a}+BR_{b}+CR_{c} \tag{7-10}$$

式中 A，B，C——供应商、经销商、综合服务站的利润率占综合利润率的权重值，并且 $A+B+C=1$；

R_{a}，R_{b}，R_{c}——供应商、经销商、综合服务站的利润率，利润率=(企业收入－企业成本支出)/收入。

② 供应链服务收益增长率。供应链服务收益增长率的分类方法有很多，当前相对主流的方法是根据整个物流的各个环节进行分类，即可以分为采购物流的费用、生产环节的费用、运输以及配送环节的费用、销售环节的费用以及回收机废弃物物流的费用。

（6）绿色环保水平

早在1996年美国密歇根州立大学的制造研究协会提出了“绿色供应链”的概念，是一种在整个供应链中综合考虑环境影响和资源效率的模式，其主要理论支撑是绿色制造以及供应链管理，包含生产者、供应者、销售者以及最终用户，终极目标是让商品在整个供应链的各个环节中，给环境带来的副作用最少，资源利用率最大。由于农资主要包含化肥、农药、种子等一些有毒害性产品，如果对农资产品处理不当，可能会引发对空气和土壤的危害，这有悖于我国大力提倡的可持续发展道路，不符合绿色发展的要求，对于这类有毒害的农资产品应该更加强调“绿色”这一概念，所以在构建供应链协同型农资经营方式的评价体系时应把绿色环保作为一个一级评价指标。

① 能源消耗率。评估农资物流企业能源的消耗水平可以有很多种形式，一般来说，当前使用频率较高的是能源消耗率。整个物流的环节里，每个过程都可能耗费许多资源，因此，企业应该高度关注能源损耗情况，削减能源的使用率，不但可以减少企业的资本消耗，同时还可以促进环境的保护。

② 包装回收利用率。包装回收利用率指的是农资物流公司将一些能够回收的外包装真实回收使用的比率。包装回收利用率是一个比值，具体表现形式如下。

$$\text{包装回收利用率}=\frac{\text{一定时期内已回收的包装物数量}}{\text{该时期可回收利用的包装物数量}} \tag{7-11}$$

通常情形来说，包装回收利用率数值越大，证明物流公司的资源浪费现象越轻，环保效果较好。

7.2 农资O2O供应链指标权重确定

7.2.1 层次分析法的内涵及步骤

层次分析法是一种解决多目标的复杂问题的定性与定量相结合的决策分析法。用参与决策人的经验判定每个目标是否可以达到的标准之间的相对关键水平，同时有效地定义各个决策计划的权重，运用权重计算每个计划的好坏顺序，尽最大努力准确测量很难用定量手段处理的问题。

层次分析的方式是依照问题本质以及想要取得的最终目的，把各类问题划分成各种各样的要素，同时依照要素之间的联系以及隶属情况，把要素依照不一样的层级结合，最终构成一个多层级的架构，进而把想要解决的问题归纳成低层级向高层级的优势或劣势层次的排列。

基于层次分析法确定供应链协同型农资经营方式绩效评价指标的权重的详

细步骤如下。

步骤一：建立层次分析模型，如图 7-1 所示。

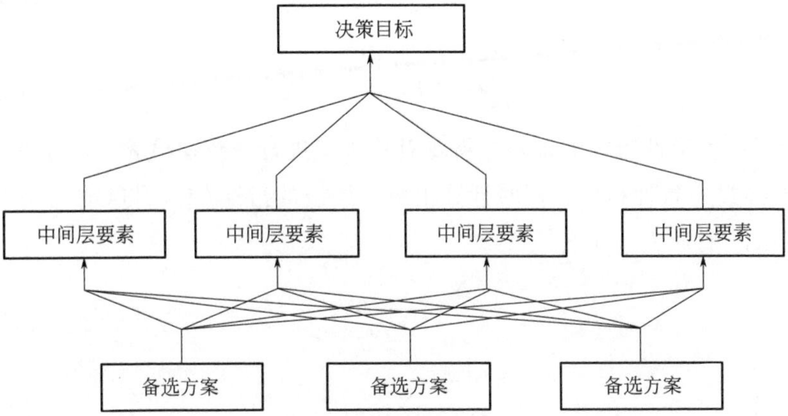

图 7-1　层次分析法模型

步骤二：判断各类要素互相的影响程度。

对于如何判断每个层级的各类要素互相的影响程度，美国运筹学家 T. L. Saaty 等人创建了一致矩阵法，具体过程如下：

① 不将全部要素聚集在一起比较，而将两个要素进行比较；

② 然后运用相对比较的方法，用判断矩阵代表全部要素与上一层级的要素相比的重要程度。分别用 1、3、5、7、9 来代表两个要素比较的重要程度，一个要素比另一个要素同等、稍微、明显、强烈极端重要；而 2、4、6、8 代表上述两两数字之间的中间值（通常来说两两要素的对比不要多于 9 个，就是说每个层级不要多于 9 个要素）。

步骤三：一致性检验。

对应于判断矩阵 A 最大特征根 λ_{max} 的特征向量，归一化的结果记作 W。因为 λ 是否连续取决于 a_{ij}，如果 A 明显多于 λ，表明 A 的不一致程度越高，造成的误差越明显，因此能够利用 $A-\lambda$ 数值的情况去判断 A 的不一性。

一致性公式如下。

$$CI=\frac{\lambda-n}{n-1} \tag{7-12}$$

若 CI<0.1，则表示矩阵具有满意的一致性；反之，则表明数值满意性不足，需要专家重新打分。

步骤四：总排序的一致性检验与总权重计算。

如果总计的递阶层级构造大于 2，那么核算每个层级与总目标层的相比关键水平的排列就称为总排序。假如目标层 A_1，$A_2 \cdots A_n$ 重要性总权重排序为 a_1，$a_2 \cdots a_n$。下一层 B_1，$B_2 \cdots B_n$，与 A 层的权重值相比为 B_{1j}，$B_{2j} \cdots B_{mj}$。

即指标对于总权重值为

$$\omega_i = \sum_{j=1}^{n} b_{ij} a_j \qquad i = 1, 2 \cdots m \tag{7-13}$$

为了避免定性指标的误差，需要对总排序进行一致性检验，假如低层级的 B_j 顺利经过一致性检验，同时计算出单个层级的指标 CI_j，与 CI_j 相呼应的指标写成 RI_j 的形式，那么

$$\mathrm{CR} = \frac{\sum_{j=1}^{n} a_j \mathrm{CI}_j}{\sum_{j=1}^{n} a_j \mathrm{RI}_j} \tag{7-14}$$

同样可知，如果 CR＜0.01，则表明符合条件；如果 CR＞0.01，则表明评价最后的结论不能通过检验，因而就应该适当更改矩阵，邀请专家再次进行评判。

7.2.2 基于“Y 农场”实例的指标权重确定

“Y 农场”是我国首个线上提供农资购买和科技服务的网站，它能够供应给农户所需的肥料、种子、化学药品和一些农业技术服务、物流服务、金融服务等很多类项目。从其开始经营到 2015 年，“Y 农场”构建了超过 300 个县级以上的服务项目，超过 20000 个村级的服务驿站，总体的使用用户已经超过百万个，涵盖山东、吉林、湖北、新疆等数个区域，土地总面积已经达到了上千万亩，农资在线交易量占全国在线交易量的 80%以上，领跑“互联网＋农业”行业。“Y 农场”和上游供应商以及下游供应商共同组成了一个电商平台体系，十分具有榜样示范性。

因此研究基于“Y 农场”的供应链体系，结合本研究构建的协同指标体系，利用层次分析法确定权重。首先要根据评价体系中的 6 个一级指标，依据对农资经营行业有一定研究以及经验的专家对指标的相互影响程度进行评价，得到如表 7-1 所示的判断矩阵。

步骤一：确定各指标的影响程度 A_i 以及二级指标的评定等级 R_i。本研究总计邀请 30 位专家，对 O2O 供应链绩效评价指标相互影响程度进行评价。这 30 位专家包含了 3 位企业管理教授，4 位企业管理副教授，其余 23 位具有农

资企业中、高级管理职称，通过现场访谈等方式对调查对象进行访谈交流，判定每个下层指标的影响力水平及其所属级别，依据重要程度判断互相比较的有关规则，依次对每个层级的要素相对于上一层级进行对比分析，最终找到各层级的评判矩阵（表 7-1）。

表 7-1　A-B 判断矩阵

供应链绩效评价(一致性比例为 0.0322;对“供应链绩效评价”的权重为 1.000;λ_{max} 为 6.2029)							
供应链绩效评价	信息融合效率	业务融合	客户服务质量	抵御风险能力	财务指标	绿色环保水平	W_i
信息融合效率	1.0000	1.0000	2.0000	2.0000	2.0000	3.0000	0.2491
业务融合	1.0000	1.0000	2.0000	3.0000	3.0000	2.0000	0.2705
客户服务质量	0.5000	0.5000	1.0000	2.0000	2.0000	4.0000	0.1905
抵御风险能力	0.5000	0.3333	0.5000	1.0000	1.0000	2.0000	0.1305
财务指标	0.5000	0.3333	0.5000	1.0000	1.0000	1.0000	0.0973
绿色环保水平	0.3330	0.5000	0.2500	0.5000	1.0000	1.0000	0.0621

步骤二：同理可以得到二级指标层 6 个判断矩阵，如表 7-2～表 7-7 所示。

表 7-2　B_1-C 判断矩阵

信息融合效率(一致性比例为 0.0089;“对供应链绩效评价”的权重为 0.2491;λ_{max} 为 3.0092)				
信息融合	信息有效率	信息共享准确率	信息及时共享率	W_i
信息有效率	1	0.5	0.6667	0.2241
信息共享准确率	2	1	1	0.4065
信息及时共享率	1.5	1	1	0.3694

表 7-3　B_2-C 判断矩阵

业务融合(一致性比例为 0.0538;“对供应链绩效评价”的权重为 0.2705;λ_{max} 为 4.1557)					
业务融合	预测的准确性	产品综合质量合格率	产需率	产销率	W_i
预测的准确性	1	1	0.3333	0.5	0.1594
产品综合质量合格率	1	1	1	0.5	0.1934
产销率	3	1	1	0.5	0.2604
平均准时交货率	2	2	2	1	0.3868

表 7-4　B_3-C 判断矩阵

客户服务质量(一致性比例为 0.0423;“对供应链绩效评价”的权重为 0.1908;λ_{max} 为 5.1895)						
客户服务质量	顾客满意度	金融贷款及时结算率	科技指导率	客户流失率	订单满足率	W_i
顾客满意度	1	1	2	0.5	0.667	0.2692
金融贷款及时结算率	1	1	1.5	1	2	0.2419
科技指导率	0.5	0.667	1	0.5	1	0.1356
客户流失率	2	1	2	1	1	0.3533

表 7-5 B_4-C 判断矩阵

抵御风险能力(一致性比例为 0;"对供应链绩效评价"的权重为 0.1101;λ_{max} 为 3.00)				
抵御风险能力	战略融合度	成员信任度	利润分配合理性	W_i
战略融合度	1	0.5	0.6667	0.2241
成员信任度	2	1	1	0.4065
利润分配合理性	1.5	1	1	0.3694

表 7-6 B_5-C 判断矩阵

财务指标(一致性比例为 0.0089;"对供应链绩效评价"的权重为 0.0973;λ_{max} 为 3.0092)				
财务指标	信息有效率	信息共享准确率	信息及时共享率	W_i
供应链利润率	1	3	2	0.5390
供应链服务收益增长率	0.3333	1	0.5	0.1638
测土配肥成本	0.5	2	1	0.2972

表 7-7 B_6-C 判断矩阵

绿色环保水平(一致性比例为 0.0089;"对供应链绩效评价"的权重为 0.0821;λ_{max} 为 2)				
绿色环保水平	信息有效率	信息共享准确率	信息及时共享率	W_i
能源消耗率	1	1	0.5	0.5
包装回收率	1	1	1	0.5

步骤三：计算各层次元素相对于上一层次的相关重要性权重，并进行一致性检验。由上述结果可知所有矩阵的 CR 数值均小于 0.1，表示所有权重选取数值符合一致性，指标权重间并没有太大的矛盾。

经过上述计算结果，整理统计农资 O2O 供应链绩效评价指标权重如表 7-8 所示。

表 7-8 农资 O2O 供应链绩效评价指标权重

目标层	准则层		方案层	
	指标名称	权重	指标名称	单层次权重
供应链绩效评价	信息协同效率	0.2491	信息协同效率	0.2241
			信息共享准确率	0.4065
			信息及时共享率	0.3694
	业务协同	0.2705	预测的准确性	0.1594
			产品综合质量合格率	0.1934
			产需率	0.2604
			平均准时交货率	0.3868

续表

目标层	准则层		方案层	
供应链绩效评价	客户服务质量	0.1908	顾客满意度	0.2692
			金融贷款及时结算率	0.2419
			科技指导率	0.1356
			客户流失率	0.3533
	协同抵御风险能力	0.1305	战略协同度	0.2241
			成员信任度	0.4065
			利润分配合理性	0.3694
	财务指标	0.0973	供应链利润率	0.5390
			供应链服务收益增长率	0.1638
			测土配肥成本	0.2973
	绿色环保水平	0.0921	农资废弃物回收率	0.5000
			环保投资成本	0.5000

7.3 农资 O2O 供应链体系绩效评价

7.3.1 模糊综合评价法步骤

本研究基于层次分析确定供应链协同绩效评价指标的权重之后，形成模糊决策集合对指标值进行计算，最终达到对供应链协同绩效进行评价的目的。

设定模糊集合：$U=\{VL,L,ML,M,MH,H,VH\}$ 是一系列供应链协同绩效评价的结果，其中 VL=非常差，L=很差，ML=较差，M=一般，MH=较好，H=很好，VH=非常好。绩效评价指标三角模糊语义标尺如图 7-2 所示。

依据 Fracchinetti（1998 年）研究指出的三角模糊数学法，三角模糊数对应于其均值面积 $C(M)$，其具体公式为

$$C(M)=\frac{1}{4}(a+2b+c) \tag{7-15}$$

根据供应链协同绩效评价的 20 个具体的指标，能够获得 m 位调研对象为各个指标的评价集合 M，具体形式如下矩阵所示。

$$M=\{M_i^S\}=[d_1^S d_2^S d_3^S d_4^S d_5^S d_6^S d_7^S] \qquad (i=1,2,3\cdots 20)$$

d_1^S、d_2^S、d_3^S、d_4^S、d_5^S、d_6^S、d_7^S 分别代表 m 位评价者中非常好、很好、比较好、一般、比较差、很差、非常差的数量。

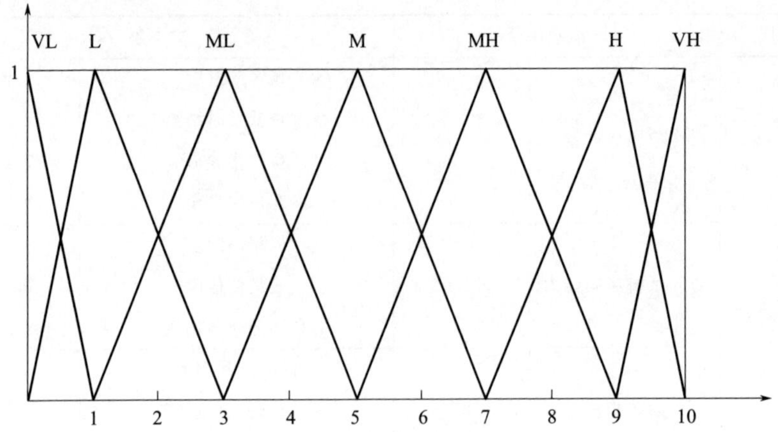

图 7-2　绩效评价指标三角模糊数与语义标尺

依据上述的三角模糊转换公式，最终可计算企业在第 i 个指标上表现的模糊综合分数的计算方法，如下所示（用 CM_i^S 表示得分）。

$$CM_i^S=\frac{1}{m}\times\frac{1}{4}(a+2b+c)=\frac{1}{m}\Big(\frac{9d_1^S+7d_2^S+3d_3^S+5d_4^S+d_5^S}{4}+\frac{10d_1^S+9d_2^S+7d_3^S+5d_4^S+3d_5^S+1d_6^S}{2}+\frac{10d_1^S+10d_2^S+9d_3^S+7d_4^S+5d_5^S+3d_6^S+1d_7^S}{4}\Big)=$$

$$\frac{1}{m}(9.75d_1^S+8.75d_2^S+7d_3^S+5d_4^S+3d_5^S+1.25d_6^S+0.25d_7^S)$$

供应链协同型农资经营绩效（S）可以用下述公式表示。

$$S=\sum_{i=1}^{20}\omega_i\times CM_i^S \tag{7-16}$$

7.3.2 农资 O2O 供应链体系绩效评价

为了更加有效地评价供应链协同型农资经营方式，本研究先后针对“Y 农场”做了两次调研，第一次是在其未实施供应链协同型农资经营方式之前，第二次是其实施供应链协同型农资经营方式之后，分别针对“Y 农场”的生产、物流、财务等相关部门的工作人员发放调研问卷，请求被调查者对各项评价指标进行模糊评价。第一次调查共计发放 300 份问卷，有效回收 270 份，问卷回收比率为 90%；第二次调查共计发放 300 份问卷，有效回收 264 份问卷，问卷回收比率为 88%。通过问卷调查以及模糊评价的计算，可以得到“Y 农场”

采取供应链协同型农资经营方式前后的基础数据统计表，如表 7-9 和表 7-10 所示。

表 7-9 "Y 农场"O2O 供应链绩效评价指标基础数据统计

二级指标	实施 O2O 供应链之前指标综合得分	实施 O2O 供应链之后指标综合得分
信息协同效率 a_1	6.889	7.701
信息共享准确率 a_2	6.978	7.489
信息及时共享率 a_3	7.005	7.520
预测的准确性 a_4	6.995	7.313
产品综合质量合格率 a_5	7.200	7.372
产需率 a_6	6.800	7.340
平均准时交货率 a_7	6.775	7.885
顾客满意度 a_8	6.850	7.885
金融贷款及时结算率 a_9	6.861	7.627
科技指导率 a_{10}	7.731	7.754
客户流失率 a_{11}	6.998	7.269
订单满足率 a_{12}	7.022	7.261
战略协同度 a_{13}	7.236	7.436
成员信任度 a_{14}	7.055	7.433
供应链利润率 a_{16}	7.432	7.621
供应链服务收益增长率 a_{17}	7.256	7.436
测土配肥成本 a_{18}	6.958	7.433
农资废弃物回收率 a_{19}	7.223	7.396
环保投资成本 a_{20}	7.300	7.375

表 7-10 "Y 农场"O2O 供应链前后绩效评价结果对比

一级指标	一级指标权重	二级指标	二级指标权重	实施 O2O 供应链之前		实施 O2O 供应链之后	
				二级指标综合得分	一级指标综合得分	二级指标综合得分	一级指标综合得分
信息融合 A_1	0.2491	信息协同效率 a_1	0.2241	6.889	6.968	7.701	7.548
		信息共享准确率 a_2	0.4065	6.978		7.489	
		信息及时共享率 a_3	0.3694	7.005		7.520	
业务融合 A_2	0.2705	预测的准确性 a_4	0.1594	6.995	6.929	7.313	7.553
		产品综合质量合格率 a_5	0.1934	7.200		7.372	
		产需率 a_6	0.2604	6.800		7.340	
		平均准时交货率 a_7	0.3868	6.775		7.885	

续表

一级指标	一级指标权重	二级指标	二级指标权重	实施O2O供应链之前		实施O2O供应链之后	
				二级指标综合得分	一级指标综合得分	二级指标综合得分	一级指标综合得分
客户服务质量A_3	0.1905	顾客满意度a_8	0.2692	6.850	6.970	7.885	7.658
		金融贷款及时结算率a_9	0.2419	6.861		7.627	
		科技指导率a_{10}	0.1356	7.331		7.754	
		客户流失率a_{11}	0.3533	6.998		7.469	
抵御风险能力A_4	0.1305	订单满足率a_{12}	0.2241	7.022	7.121	7.261	7.400
		战略协同度a_{13}	0.4065	7.236		7.436	
		成员信任度a_{14}	0.3694	7.055		7.433	
财务指标A_5	0.0973	供应链利润率a_{16}	0.5390	7.432	7.262	7.621	7.535
		供应链服务收益增长率a_{17}	0.1638	7.256		7.436	
		测土配肥成本a_{18}	0.2972	6.958		7.433	
绿色环保水平A_6	0.0621	农资废弃物回收率a_{19}	0.5000	7.223	7.262	7.396	7.386
		环保投资成本a_{20}	0.5000	7.300		7.375	
综合	1	实施O2O供应链之前绩效		7.025	实施O2O供应链之后绩效		7.540

7.4 农资O2O链体系绩效评价结果分析

从“Y农场”实施O2O供应链绩效评价前后对比分析可以观察到，实施O2O供应链后“Y农场”的各维度绩效表现显著好于实施O2O供应链之前，实施O2O供应链之后，“Y农场”供应链整体的抵御风险能力、财务指标、绿色环保水平三个结果维度略微优于实施O2O供应链之前。而“Y农场”实施O2O供应链之后的信息融合、业务融合、客户服务质量三个结果维度方面显著优于未实施O2O供应链绩效。

从各维度的绩效来看，实施O2O供应链之后，“Y农场”的供应链具有较高的整体协同能力，供应链整体的信息融合水平、业务融合能力、客户服务质量、抵御风险的能力、财务水平、绿色环保水平均处于较理想状态，由此可见所构建的体系指标是具有一定的科学性和合理性。

7.5 农资 O2O 供应链体系的实施策略

（1）建立健全农资监管和信用体系

目前我国农业经济发展处于瓶颈时期，主要原因是农业生产资料的质量良莠不齐。可通过建立“政府-企业-农户”三位一体监管体系，充分发挥政府监督、企业自我监管、农户提升监管意识的作用，并充分利用农资监管平台实时发布信息；利用大数据、互联网等手段与工商、税务等其他部门实现信息共享，多方位建立信用信息平台，对农资企业进行信用评价和奖惩。

（2）大力发展物联网技术，打造“智慧农业”

随着物联网在农业的渗透进程加快，国内出现越来越多的专业性农业物联网服务类公司，可提供完整的、智能高效的水肥一体化技术来为大田和经济作物服务，将节水灌溉、精准施肥过程补充得更完善。与此同时，农资企业与高校、科研院所共同研究“智慧种植”和“智慧灌溉”的重要技术与处理办法，提供完整的应对办法和一站式服务，将水肥一体化、农业物联网、智慧农业园区办得更好。加快“互联网＋农资”进程，改进农资物联网应用，改善农资质量追溯系统，建立物联网大数据客户端，增强行业协会经济运行监测，让物联网技术在企业研发、生产、管理、服务中得到更广泛的应用。

（3）推进农资企业转型升级，发挥其引领作用

农资企业在发展现有传统农资业务的过程，可以参考国外优秀企业的经营理念，发展“农资＋农业信息化”的商务模式。而且，农资公司拥有广泛的销售渠道，完善的配送体系，卓越的产品品牌，借助互联网，发展农资电子商务，突破营销的空间界限，一方面有助于革除不必要的营销层级，提高物流效率；另一方面依靠电商，发展供应链金融服务，打造综合性大农业服务平台。

（4）加大农资流通基础设施建设

通过公路、铁路、航空、水路等运输方式的发展，采用多式联运的运输形式，实现运输的无缝衔接，提高运输效率和质量；依据自身经济发展特点，加快对物流园区、物流中心以及配送中心的建设，通过考虑自身的农资产业发展规模、目前设施情况等因素，全面建设与之相匹的生产服务型农资物流中心；政府应加大鼓励力度，规划建设具有示范性的农资物流配送中心项目，企业与各高校、研究机构联手研发出新型物流配送中心和配送手段，以此保证供应环

节的畅通无阻，最终实现整个地区农资物流配送体系的高效化和现代化。

（5）风险控制

采用大力发展农资物流建设的方式，缩短物流运转的各个环节，进而相对节省一些非必需的开支及损耗，加速农户收到货物的速度，减少农户获取农资过程中的运输、费用以及时间等方面的风险，最终使得农民获得更多的利润。

（6）协调政府与市场关系

政府在农资服务体系建设过程中要始终秉承着“惠民、利民、便民”的理念，要理顺政府和市场的关系，激活市场、激活要素、激活主体。在农资服务体系建设方面，政府和农资企业协同制定合理的农资产品的价格机制以及流通制度是在“激活市场”；政府鼓励农资企业创建新型农业经营主体和服务主体，并且加大对人才的吸引是在“激活主体”；政府加快农村金融创新、提供健全的保障机制、完善财政支农体系等是在“激活要素”，只有政府和市场有效协调，才能促进现代农资服务体系更好地建设。

第⑧章

农资O2O供应链运作机制设计

8.1 农资 O2O 供应链运作机制框架

围绕“主体-功能-流程”农资 O2O 供应链体系，建立农资 O2O 供应链运作机制。对农资 O2O 供应链主体而言，供应链的主体是一个利益相关者群体，结合文献［103，104］的描述，利益相关者就是“供应链网络有较一般企业更大的收益相关者群落，其中的每个个体既是供应链整体收益的享有者，也是承担风险的人”。主体间良好的合作关系有利于提升供应链绩效。Gjerdrum 等通过研究供应链合作关系对供应链整体收益的影响，提出合作是供应链整体最优的关键[104]，Piplani 等发现供应链主体合作能够有效改善供应链的稳定性和服务水平，提高绩效[105]。柳键和马士华认为供应链合约对供应链绩效有重要影响，利用博弈分析出在信息共享的条件下，利益共享合约优于普通合约，且在两种合约下，供应链绩效与企业合作伙伴数量有关[106]。时茜茜等研究指出现有关于供应链运作主体合作的研究或是侧重于从激励机制的角度来探讨利益分配和成本分担机制[107]。根据文献描述，供应链主体的有效合作可以通过建立利益分配与风险分担机制能实现。

从农资 O2O 供应链功能和流程而言，物流、资金流、信息流、农技服务流等功能的有效实施，能提升供应链运作绩效，结合第 5 章内容分析，金融服务采取的是供应链融资的方式，但是供应链融资过程中也存在一些问题，A. Gonsalvez David J 等指出缺乏信贷可以减少整个供应链的销售[108]；Zhu 等认为供应链融资的关键是预测中小企业信用风险[109]，因此，从信用的角度分析供应链融资机制。农资物流服务是“一县到多村”网络，结合文献［110］的描述，从资源整合和路线优化的角度建立物流资源整合优化机制；农技服务是通过多主体农技服务网络实现农技知识普及和农技方案推广，结合文献［111，112］描述建立农技推广机制；在信息服务方面，由于信息类型丰富多样，根据文献［113，114］描述，信息共享对供应链绩效影响大，因此需要建立信息共享机制。除此以外，根据前文分析，政府在农资 O2O 供应链体系中能起到较强的推动作用，因此，在农资 O2O 供应链运作中要借助政府的力量，建立政府保障机制。由此，建立的农资 O2O 供应链运作机制框架如图 8-1 所示。

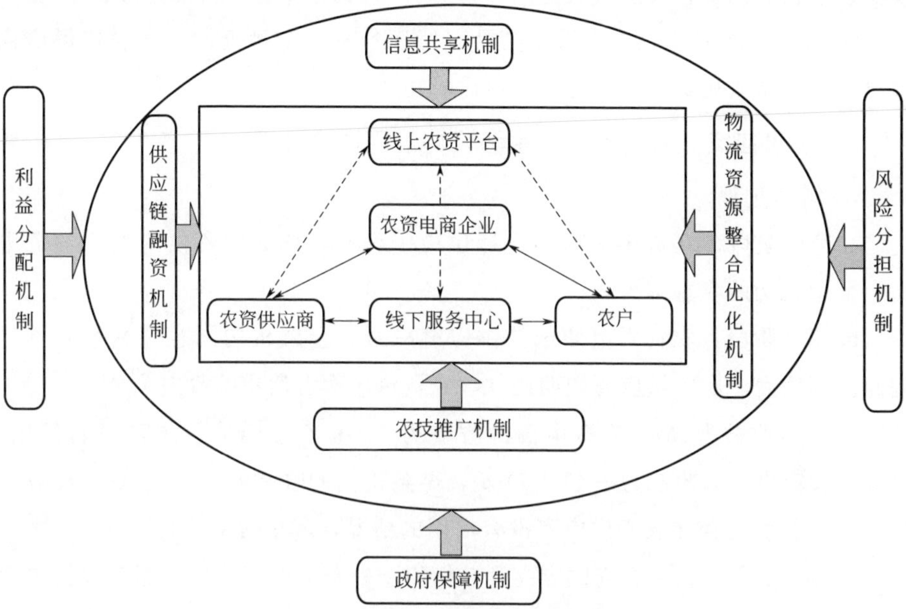

图 8-1 农资 O2O 供应链运作机制框架

8.2 农资 O2O 供应链融资机制

8.2.1 供应链融资主体信用博弈分析

(1) 博弈模型假设

按照第 5 章供应链融资的基本内容，参考文献 [115] 对农资 O2O 供应链融资主体信用博弈假设如下。

① 金融机构、农资供应商和农资电商三方参与动态博弈，三方符合理性经济人假设。

② 农资供应商需要资金 M，采购提前期为 1 个月，向金融机构申请供应链融资贷款，期限 6 个月，贷款利率为 i，农资供应商销售完农资，获得农资收益 N_2，支付银行本息 $(1+i)M$。

③ 农资供应商进行供应链融资使供应链资金压力得到缓解，农资电商多占用了 1 个月资金 N_2，设该项资金用作其他用途的收益为 Z_1。除此以外，因为农资电商参与供应链融资可获得其他相关收益，包括质量收益、市场稳定性

收益、潜在利润等，设这些收益的和为 Z_2，那么农资电商总收益为 Z_1+Z_2。

④ 如果 6 个月后，农资供应商没有偿还贷款，金融机构会向农资供应商追讨。设金融机构追讨成本为 C，追讨成功的概率为 $p(0\leqslant p\leqslant 1)$。

（2）供应商、农资电商、金融机构信用博弈分析

① 博弈过程。

a. 第一阶段，农资供应商不选择供应链融资，那么农资供应商、农资电商、金融机构的收益都为 0。

b. 第二阶段，农资供应商选择供应链融资，金融机构同意贷款给农资供应商。到期后，农资供应商如期还款，农资供应商有信用的收益为 $N_2-(1+i)M$；银行收益为 iM，农资电商的收益为 Z_1+Z_2。若农资电商没有信用，那么，农资供应商收益为 $-(1+i)M$，金融机构的收益为 iM，农资电商收益为 N_2+Z_1。也存在农资供应商没有信用的情况，就是指未及时还款。

c. 第三阶段，如果农资供应商没有信用、农资电商有信用，那么农资电商收益为 Z_1，此时，金融机构会进行追讨，如果追讨成功，那么银行的期望收益为 $piM-(1-p)(1+i)M-C$，农资供应商收益为 $N_2-p(1+i)M$；如果农资电商没有信用，那么农资电商收益为 N_2+Z_1，此时，金融机构会进行追讨，如果追讨成功，那么银行的期望收益为 $piM-(1-p)(1+i)M-C$，农资供应商的收益为 $-p(1+i)M$。

② 博弈模型建立。按照上述博弈过程分析，建立的供应链融资主体信用博弈模型如图 8-2 所示。其中，博弈模型中的表达式分别是农资供应商、金融机构、农资电商的收益。

③ 博弈结果说明。由图 8-2 可知，当农资电商有信用、供应商有信用时，农资电商、农资供应商和金融机构三方都有收益；当农资电商有信用，供应商没有信用时，在银行追讨成功的情况下，农资电商、农资供应商和金融机构都有收益；除此之外，其他任何情况，总会有一方的收益为负数，如果收益为负数，那么融资主体的三方都不会选择该行为。通过博弈分析表明，对农资电商来说，必须有信用才能保障收益；但是对农资供应商而言，只要农资电商有信用，都会有收益；对金融机构来说，如果供应商没有信用，必须要投入追讨成本，金融机构收益会减少，金融机构更希望供应商有信用。而且对农资电商而言，如果供应商没有信用，农资电商获得的收益也会减少，因此，应加强农资供应商信用，建立完善的信用体系，以保障供应链融资的有效运作。

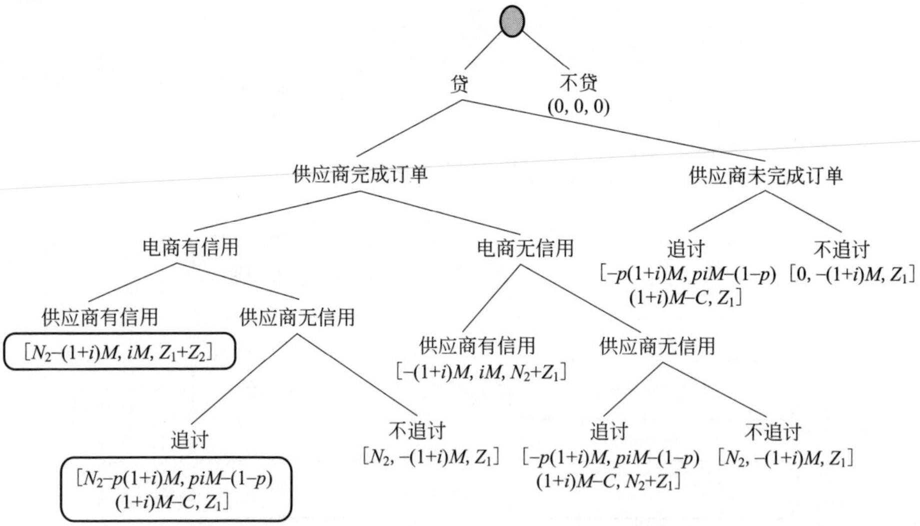

图 8-2 供应链融资主体信用博弈模型

8.2.2 供应链融资信用体系建立

根据农资供应商、农资电商和金融机构三方的信用博弈分析，要协调好三方的关系，以供应链融资流程为导向进行信用体系建设。Yan 等提出可以将银行信贷与信用担保相结合，通过利率收费和批发定价有效地平衡零售商与制造商之间的融资风险[116]。Li 等中小企业由于自身的局限性以及融资难制约了中小企业的健康发展，而供应链金融能妥善解决此问题，并对中小企业信用评级进行了分析[117]。周文坤构建了多层级的信用风险评价指标体系，运用 DEA 方法，结合中小企业实际数据进行评估，提出风险预警对策[118]。根据第 5 章金融服务的供应链融资流程，从信用信息管理、信用担保、信用评价、信用授信四个方面构建信用体系，如图 8-3 所示。

结合图 8-3，对流程导向的供应链融资信用体系进行说明。

① 信用信息管理是对农资供应商资质信息、电商平台销售信息以及农户使用反馈信息等进行搜集、整理、归纳、分类，建立农资供应商数据库，在农资供应商与农资电商签订订单合同的时候，农资电商可以以此数据库为依据进行判定，确保与其签订合同的农资供应商是信誉良好、销售量较大、用户评价较好的企业。

② 信用担保是农资供应商为了防范由于各类风险引起自身的损失，会向担保机构进行投保。信用担保应明确担保机构、担保资金额度、担保风险分摊比例等内容。

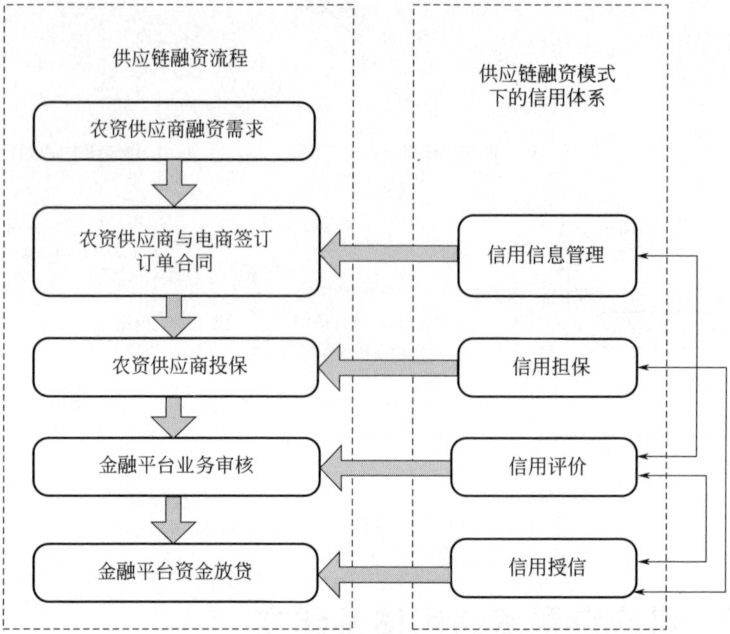

图 8-3 流程导向的供应链融资信用体系

③ 信用评价是金融机构向农资供应商发放贷款的依据，因此金融机构需要对农资供应商进行评价，应该包括三个方面：第一方面是农资供应商资信情况，包括经营状况、财务能力、销售额等；第二方面是农户对农资供应商评价，包括线上评价、线下评价等；第三方面是农资供应商的线上商品销售情况，包括品类、品种、销量等。结合这三个方面制定信用评价指标，进行信用评分。

④ 信用授信应该结合信用评价的结果，金融机构在对农资供应商的贷款额度、还款方式、还款期限等方面进行分类实施。信用评分高的，可以加大贷款额度，在还款方式、还款期限方面可以灵活操作。

8.2.3 供应链融资信用保障策略

在供应链融资信用体系实施过程中，会受到宏观环境、企业自身等因素影响，因此提出信用保障策略。

（1）加强农资供应商信用信息管理

金融机构应加强与农资电商的合作，合理运用电商平台的交易数据和信用数据评价农资供应商风险，通过电商平台的信息披露等方式提高农资供应商的违约成本。

（2）农资电商与金融机构联合监管

农资电商与金融机构合作进行贷后监控，一旦出现违约现象，应及时进行处理。信用监管主要对贷款资金流向、农资供应商经营状况、订单执行进度情况、农资供应商还款情况等方面明确监管内容、监管主体、同时农资电商为了降低农资供应商的经营风险，还可联合保险公司，转移贷款风险，以减少自身和金融机构的损失。

（3）建立完善的订单合同制度

订单合同是实现农资 O2O 供应链融资运作的基础，合同的制定、执行直接影响到农资 O2O 供应链融资的有效运作，如果双方中任何一方都不能履约的话，势必阻碍金融活动的开展，进而影响到农业生产的顺利进行，因此双方必须商定好订单合同的条款，以保证供应链融资的正常运行。订单合同应包括定价方式、贷款支付、违约补偿等内容。

首先，不同的定价方式会产生不同的价格，而农资价格的不同会直接影响到农资电商和农资供应商销售收益，结合市场行情对农资电商和农资供应商来说，比较公平，也不会影响到双方的长期合作。

其次，在货款支付条款中，为了能够更好地保障农资供应商可以顺利偿还贷款，提升自身在金融机构的信用，可以选择在农资交付后，由农资电商一次性扣除农资贷款成本和利息，将剩余的款项支付给农资供应商。

最后，违约补偿条款的制定是对农资供应商一种约束，也是为了更好地保障农资 O2O 供应链融资的开展。一旦有任意一方违约，就可以通过违约补偿条款来保障另一方的损失减少。违约补偿条款中必须明确违约的事项以及因此需要承担的责任和应赔偿的损失、赔偿的时间等。一旦出现违约，不仅要在经济上进行惩罚，还要对信息进行披露，将其列入不良企业的“黑名单”。

8.3 农资 O2O 供应链物流资源整合优化机制

8.3.1 物流资源横向整合

农资 O2O 供应链物流资源横向整合就是指农资电商通过与外部组织合作，扩大农资物流服务的覆盖面，整合分散的物流资源，农资电商可以积极与县域经销商、植保合作社、植保服务公司合作，将其转型为农资电商的县级服务站和村级服务站，依托其成熟的农资物流配送网络服务体系，为订单用户进行物流配送、技术支撑服务。通过物流资源横向整合，可以实现规模经济，降低物流成本，避免资源浪费。

8.3.2 物流资源纵向整合

农资 O2O 供应链物流资源纵向整合就是指农资电商通过内部合作，将物流服务与农技服务、金融服务、销售服务等进行整合，在向农户提供物流配送服务的时候，同步宣传推广农资产品和农技知识，也能及时掌握农户需求信息，同步反馈给农资供应商，便于农资销售，提高农户满意度，降低农资供应链运作成本，提高农资供应链运作效率。

8.3.3 物流配载与配送路线组合优化模型建立

农资 O2O 供应链物流服务是由县级配送中心流通至村级服务网点的过程，是农资-车辆-路径-网点的过程，因此，农资物流不仅仅是配送问题，还必须要考虑配载问题。研究配载问题，就是在保证车辆的额定承载能力和装载的货物数量及质量完好的前提下，研究采用最少车辆实现装载货物最多的调度解决方案[119,120]。研究配载与配送组合优化，是实现从货物装载到货物配送的流通过程的整体优化[121]。将统筹考虑配载与配送环节的密切关系，建立能够体现农资物流配载与配送整体优化的模型。

（1）物流配载与配送路线组合优化模型建立的问题描述与假设

研究县级服务中心利用若干车辆将农资从县级服务中心运往村级服务站，在约束条件的范围内，做出合理的物流配载和配送路线决策方案，如图 8-4 所示。

做出如下假设：各个村级服务站的位置和路网分布已知；各个村级服务站的出货需求量与进货需求量已知；每辆车的额定载重量、载重体积已知；一次配送的最大行驶路程已知；每个村级服务站有且仅有一辆配送车辆承担配送服务。配载与配送路线组合优化模型符号说明见表 8-1。

表 8-1 配载与配送路线组合优化模型符号说明

符号	意　义
M	服务站数量
$N=\{1,2\cdots n\}, n\in N$	所有配送车辆的集合
$S=\{1,2\cdots i\}, i\in N$	所有有车辆配送需求的服务站

续表

符号	意　义
w_i	服务站 i 需要配送货物的重量
v_i	服务站 i 需要配送货物的体积
$l[S_n(i-1), S_n(i)]$	第 n 辆车从服务站 $S_n(i-1)$ 到服务站 $S_n(i)$ 的距离
$d[S_n m(n), S_{nj}(0)]$	第 n 辆车从负责配送的最后一个服务站到配送中心 j 的距离
W_n	第 n 辆车的额定载重量
V_n	第 n 辆车的额定容积
L_n	第 n 辆车的一次最长行驶距离
C_n	第 n 辆车的单位成本
F_n	第 n 辆车的固定成本
M_n	第 n 辆车的装载利用率成本
S_n	第 n 辆车在其配送路线上配送服务站的集合
$S_n(i)$	配送服务站在第 n 辆车配送路线上的配送顺序为 i
$m(n)$	第 n 辆车的配送服务站总数
$w[S_n(i)]$	第 n 辆车的配送服务站 $S_n(i)$ 的配送货物重量
$v[S_n(i)]$	第 n 辆车的配送服务站 $S_n(i)$ 的配送货物体积
$l[S_n(i)]$	第 n 辆车的配送服务站 $S_n(i)$ 的配送行驶历程

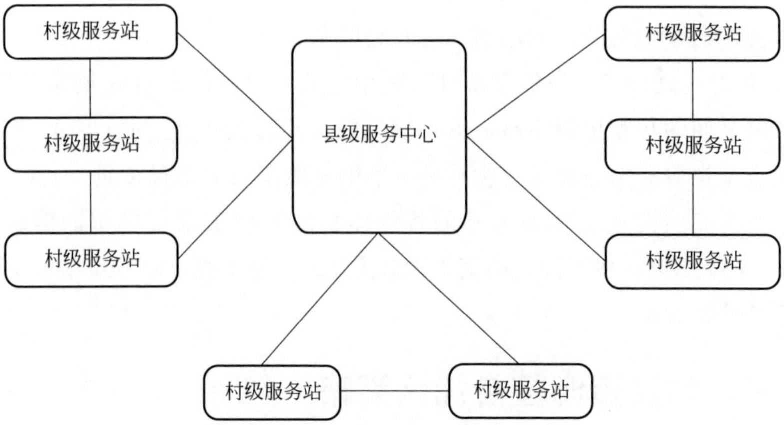

图 8-4　县级到村级服务站配送方案

（2）配载与配送路线组合优化模型的建立

农资配载与配送路线组合优化是指要在满足村级服务站的配送需求基础上，设计合理车辆配送路线，以实现成本最低、运能利用率最大为目标，建立目标函数，车辆配载与配送路线组合优化的模型如下。

$$\min Z_j = \lambda_1 \sum_{n=1}^{N} \left\{ \sum_{i=1}^{S(n)} l[S_n(i-1), S_n(i)] + d[S_n m(n), S_n(0)] sign[m(n)] \right\} C_n +$$

$$\frac{\lambda_2 \sum_{n=1}^{N} \{sign[m(n)]F_n\} - \lambda_3 \sum_{n=1}^{N} \max\left(\frac{w_n}{W_n}, \frac{v_n}{V_n}\right) M_n}{\sum_{n=1}^{N} sign[m(n)]} \tag{8-1}$$

$$S.t\left\{\sum_{i=1}^{S_n} l[S_n(i-1), S_n(i)] + d[S_n m(n), S_{nj}(0)] sign[m(n)]\right\} \leqslant L_n \tag{8-2}$$

$$\sum_{n=1}^{m(n)} w[S_n(i)] \leqslant W_n \tag{8-3}$$

$$\sum_{n=1}^{m(n)} v[S_n(i)] \leqslant V_n \tag{8-4}$$

$$sign[m(n)] = \begin{cases} 1, m(n) \geqslant 1 \\ 0, \text{其他} \end{cases} \tag{8-5}$$

上述模型中，式（8-1）为目标函数，由三部分组成：一是车辆配送的可变成本最小（主要影响因素为车辆的行驶里程数）；二是车辆配送的固定成本最小（主要影响因素为一次配送用车的数量）；三是运能利用率最大（主要影响因素为配送车辆的载重利用率或空间利用率）。

式(8-2)～式(8-5）为约束条件。其中，式(8-2）保证第 n 辆车负责配送的服务站之间的行驶里程不超过第 n 辆车的最长行驶距离。式(8-3）保证第 n 辆车负责配送服务站总配送货物重量少于第 n 辆车的额定载重量。式(8-4）保证第 n 辆车负责配送实体服务站的货物体积之和少于第 n 辆车的额定容积。式(8-5）表示当第 n 辆车配送的服务站总数大于等于 1 时，取 $sign[m(n)] = 1$，其他情况时等于 0。

8.3.4 物流资源整合优化策略

（1）合理选择配送线路

根据配载与配送路线优化模型，在保证成本最低、效率最大的前提下，合理规划配送线路，同时做好车辆装载工作，建立物流配送方案，准确、及时、无误地将农资从县级配送到农户。

（2）加强物流配送人员的培训

为了能够更好地实现物流资源纵向整合，对物流配送人员要加强农资、农技等知识培训，让物流配送人员能够掌握全面的农资信息，在与农户进行沟通交流过程中，更好地发挥线下服务人员作用，提高工作效率。除了掌握农资信息之外，还要让物流配送人员掌握金融信息，能够很好地向农户推介金融产品，也能了解农户对资金的需求，同时，因为经常与农户接触，物流配送人员通过对农户信息的掌握情况，作为农户贷款申请的信用评价。

（3）建立闭环农资物流系统

农资电商不仅要做到从县到村的农资流通，还要进行回收服务，剩余的农资回收数量不同时采用不同的方式进行回收，数量较小时，向上一层物流节点汇总，数量较大时直接回收至县级服务中心。

8.4 农资 O2O 供应链信息共享机制

8.4.1 信息集成

农资电商既是农资 O2O 供应链的核心企业，也是农资 O2O 供应链的信息集成商。农资电商与农资供应商、农户之间可以通过 O2O 平台进行信息沟通和传递，农户与物流企业、农技服务部门之间也可以通过农资电商的 O2O 平台实现信息沟通和传递，农资供应商与金融机构之间也可以通过农资电商进行信息沟通。通过农资电商的 O2O 平台的线上商品、销售、支付等系统和线下物流、农技、金融等系统，对农资供应链相关信息进行数据采集、挖掘和处理，实现农资 O2O 供应链的信息集成，保障农资 O2O 供应链主体间高效沟通与协作。

8.4.2 信息共享平台搭建

信息平台对于提高农资流通效率及提升农资供应链绩效具有重要的促进作用，农资 O2O 供应链的信息共享平台如图 8-5 所示。该信息平台将农资供应商发布的产品供给、服务以及市场推介信息和农户的订货信息，通过多功能接口平台等专业技术进行汇总，并借助政府的力量汇总农技信息，形成基础数据库、应用数据库、统计数据库等，提供包括物流服务、营销服务、农技服务、金融服务、中介服务等在内的多项服务接口，按照门户注册、服务查找、服务解析、服务沟通进行访问和操作。

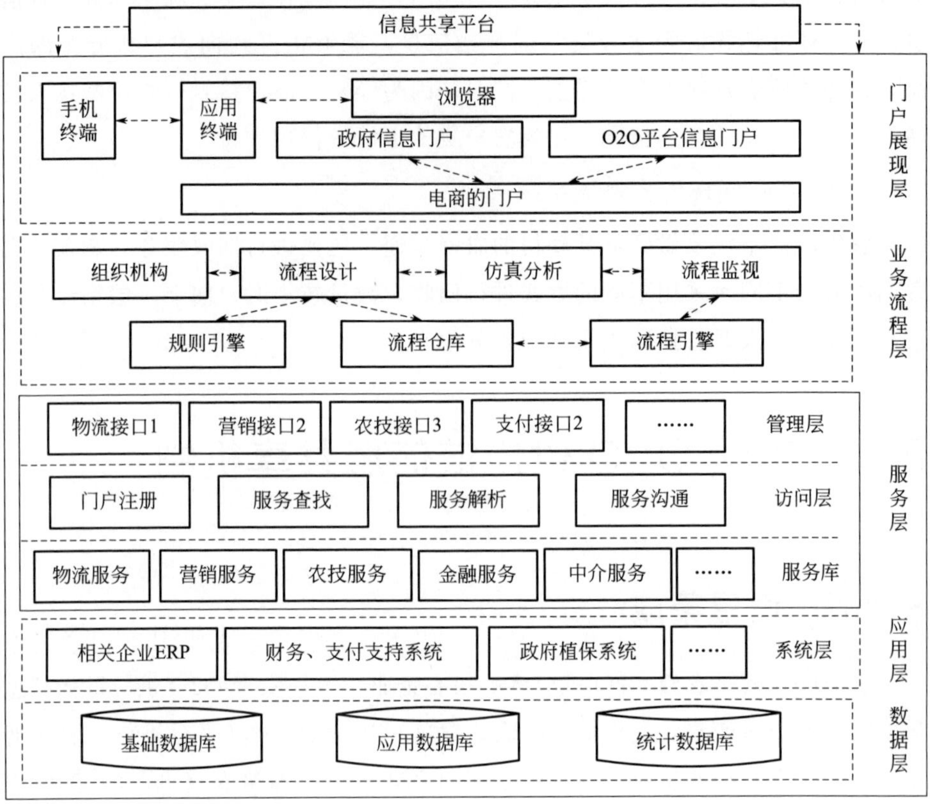

图 8-5　农资 O2O 供应链的信息共享平台

8.4.3　信息共享方式

农资电商与农资供应商、金融机构、农技服务部门之间在信息共享方面可以采取混合共享方式，凡是与农资电商长期合作的企业，可以与他们共享大部分的农资信息，包括农户信息、农资销售信息、农户对农技的需求信息、农户对农资产品评价、农资物流信息等，而与农资电商短期合作的企业，只共享一部分企业需要而且愿意共享的农资相关信息。通过采取不同的信息共享方式，能很好保证供应链合作伙伴关系，加强供应链主体间合作。

8.4.4　信息共享策略

（1）开展大数据营销服务

在线下需要设服务站点，服务站配备专业的技术人员，负责通过网站平台，协助完成所辖服务区域内的订货咨询、情感维系等一系列服务项目。技术人员通过面对面与农户接触，能够准确掌握农户对农资需求信息，将信息共享给农资供应商，进行农资新产品开发、需求预测，便于实现精准营销。

（2）开展大数据征信服务

农资电商通过自建的线下服务中心，与农户之间接触越来越多，而且农户与农资电商建立合作关系后，在电商平台上的交易会日益增加，农资电商收集大量的农户信息后，更利于进行评价农户信用等。随着线上平台上农户需求的增多，农资供应商也日益增多，通过与农资供应商合作，掌握大量农资销售数据以及农资供应商数据，可以与金融机构合作进行农资供应信用评价等。

（3）激励农资供应链主体获得更多信息内容

根据信息共享方式，激励农资供应商要想从农资电商中获得更多的信息内容，就必须与农资电商建立长期的合作伙伴关系。要想保持稳定的关系，农资供应商必须要在财务、农资质量、农资价格、供货能力等方面提高绩效，一旦农资供应商在某些方面没有履行合同，或者出现传递信息失真，就有可能失去与农资电商之间长期合作的机会，将无法获得更多的信息内容。除了农资供应商以外，金融机构也希望获得更多的农资供应商、农户的信息，以便于开展金融服务，那么金融机构也需要与农资供应商建立良好的合作关系。

（4）推进先进信息技术应用

要发挥先进信息技术在农资供应链信息共享中的作用，先进的信息技术能够帮助农资供应链实现资源整合，利于信息在供应链中的公开透明，避免信息失真，可以有效减弱或者消除“牛鞭”效应，解决需求加速放大的风险。发挥GPS、GIS、物联网、区块链等先进技术在农资供应链中的应用，对良种培育、施药施肥、种植技术等各个环节进行信息采集和全程监管，实现农资质量追溯。

8.5 农资O2O供应链农技推广机制

8.5.1 农技推广组织机构设计

为了让农户更多了解农技知识，正确、高效地使用农资，对农资O2O供应链而言，只是通过平台介绍或者刷墙体广告等宣传手段远远不够，更多地需要人员进行面对面推广。这需要在农村吸纳更多的乡村推广员，借助他们与农户的关系，深入农户的家里和田间，一对一进行农技宣传推广，让更多的农户了解和掌握农技知识，用于农业生产指导。而且，农资电商在县级建立了线下服务中心，在进行农资销售的同时，直接向农户进行农技知识普及。因此，农技推广组织机构的成员由“专家＋农技人员＋线下服务中心人员＋乡村推广员”构成，农资 O2O 供应链的农技推广组织机构，如图 8-6 所示。

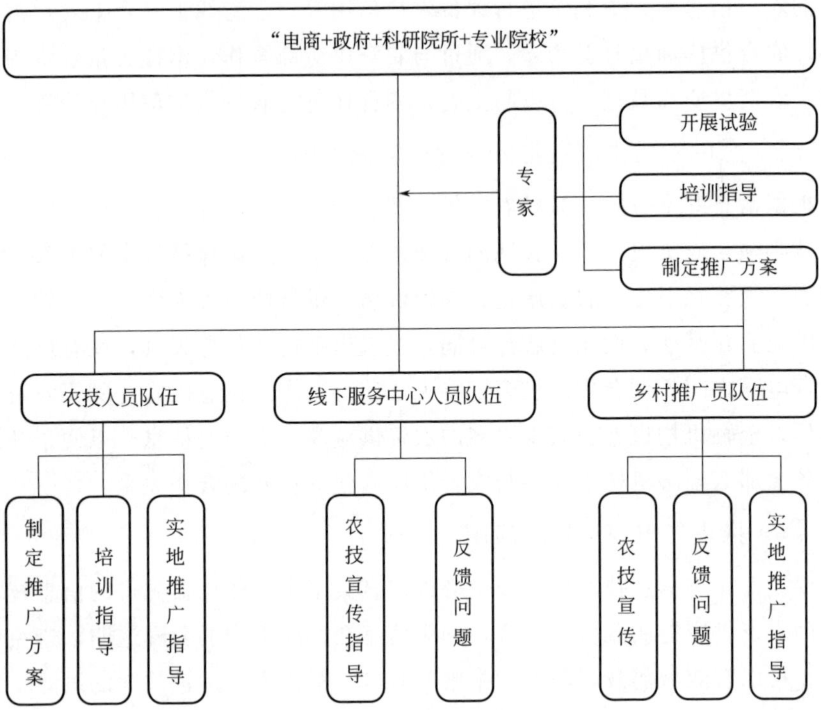

图 8-6　农资 O2O 供应链的农技推广组织机构

8.5.2　农技推广服务方式构建

发挥“专家＋农技人员＋线下服务中心人员＋乡村推广员”农技推广组织机构作用，推行“线上平台普及＋线下服务中心指导＋线下销售普及＋技术资料发放＋深入田间问询、指导”多途径进行农技知识推广，并依托“物联网、互联网、云计算、自动化”等技术支撑，从而形成“多主体、多途径、技术为支撑”的农资 O2O 供应链的农技推广服务方式，让农户不仅能在线上快速、准确地掌握农技信息，并能在线下随时随地获得帮助和指导，通过多元化的农技知识的推广、普及，提升农资使用效果，保护农业生态环境。农技推广服务方式如图 8-7 所示。

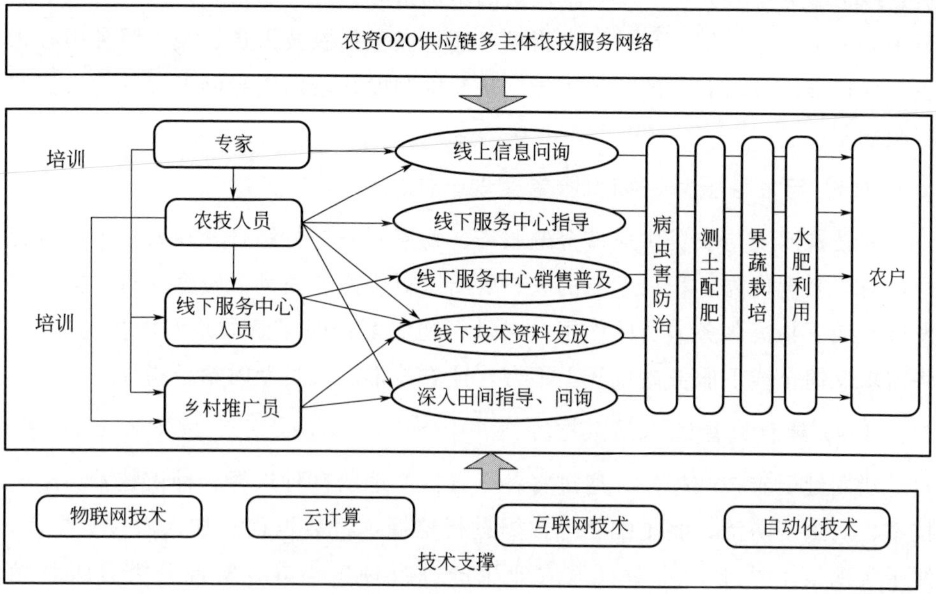

图 8-7　农技推广服务方式

8.5.3 农技推广策略

（1）联合技术研发企业开展协同创新

参照农技推广体系，农资电商与科研院所、政府、专业院校建立的农技服务主体网络，可以协同技术研发企业合作开展农资种植、灌溉、病虫害防治等技术开发和应用，运用物联网技术建立农田环境监测系统，时时掌握农业生产过程信息，快速反馈给专业人员，给予精准解决方案，借助互联网技术，快速传播给农户，指导农户进行农业生产，实现“智慧种植”；还可以建立灌溉施肥自动化系统，提供完整的、智能高效的水肥一体化技术来为大田和经济作物服务，将节水灌溉、精准施肥过程补充得更完善，实现“智慧灌溉”。

（2）建立农技推广激励制度

为了激发农户参与农技推广的主观能动性，可以对农户实施奖励制度，凡是采用农技方案的，从资金、产品优惠等给予奖励。除了对农户进行奖励外，对积极推行农技推广的且有一定效果的线下服务中心人员和乡村推广人员也可以从补助、晋级等方面给予奖励。除了建立农技推广奖励制度外，还需要建立完善的农技推广培训指导制度。培训指导对农技推广来说非常重要，按照农技推广服务方式，培训指导制度可以从多个层面展开，可以包括专家对农技人员、线下服务中心人员、乡村推广员的培训指导，也可以是农技人员对线下服务中心人员、乡村推广员的培训指导，还可以包括农技人员、线下服务中心人员、乡村推广员对农户的培训指导。从奖励制度、培训指导制度等建立农技推广激励制度。

（3）与金融服务、物流服务实现一体化运作

农技推广要与农资供应链金融服务、物流服务进行结合，在农技推广过程中，对于表现优秀、积极参与的农户要给予更优惠、便利的资金支持，同时要发挥好线下物流服务人员的作用，在进行物流配送时了解农户对农技的需求，将需求反馈至线下服务站或线上平台，让农技推广人员及时给予指导。

（4）建立完善的农技数据库

建立健全农技数据库，通过将各个县域产地的良种选择、种植技术、施药技术、病虫害防治、测土配肥等数据进行挖掘，将数据信息加入农技数据库，便于实现线上线下同步对县域农业生产进行种植指导，实现分类分级种植管理。

8.6 农资 O2O 供应链利益分配机制

农资供应链节点企业参与供应链运作的目的之一是为了获得更大的利益，农资供应链企业间利益分配不合理必然会导致供应链不稳定、容易断裂，所以农资 O2O 供应链运作就是要处理好供应链节点企业间的利益分配问题，合理的利益分配机制不仅有利于保持农资供应链合作伙伴关系，也有利于提高农资供应链运作效率。

8.6.1 利益分配的主体与客体分析

（1）农资 O2O 供应链利益分配的主体分析

农资 O2O 供应链利益分配的主体一般是农资供应链的核心企业，农资供应链核心企业在农资供应链中扮演着重要角色，直接影响农资供应链节点企业的长期合作关系。农资电商作为农资供应链利益分配的主体的可行性包括以下几个方面。

① 农资电商拥有强大市场资源。对农资供应链节点企业而言，与拥有高市场份额的其他农资供应链节点企业合作，必然会给自己参与的农资供应链带

来很强的竞争优势，因此具有较高市场份额的节点企业相对其他节点企业而言更具有吸引力。农资电商凭借其便利、快速、低成本的优势，拥有庞大的客户群和供应商，这些给农资供应链节点企业带来了很强吸的引力，一方面农资供应链节点企业可以利用电商平台向消费者提供产品和服务；另一方面农资消费者也可以利用电商平台便于向农资供应商发出订单需求。综合两方面的因素，农资电商作为核心企业，成为农资供应链利益分配主体是得到农资节点企业认可的。

② 农资电商易得到节点企业的信任。信任是农资供应链运作的必要条件，但是目前由于农资价格高，而农户收入低，农资赊销成为农资销售普遍现象，即使这样，很多农资供应商因为担心农户不能按时还款，往往也不愿意随意将农资赊销给农户。正是由于农资供应商与农户之间的不信任，导致农资供应链极易发生断裂。电商的出现，正好解决了这一难题。农资电商、农户、农资供应商之间建立供应链融资机制后，加强与农资供应商和农户之间的信任。

③ 农资电商具有共同获利经营思想。农资电商作为新的农资服务主体的出现，参与到农资供应链运作中，加大了农资需求规模，缩短了农资流通渠道，降低了农资运营成本，增大了农资供应链利益，为了吸引更多的农资供应商加入农资供应链中，农资电商必然会把利益分配给农资供应商。这样更加巩固了农资电商的主体地位。由此可见，农资电商作为农资供应链利益分配的主体能够对农资供应链整体利益进行分配，对农资供应链起到主导性作用。

（2）农资 O2O 供应链利益分配的客体分析

供应链利益分配的客体是指供应链合作利益分配的主体进行利益分配的对象。在农资 O2O 供应链利益分配机制设计中，客体通常可以是农资供应商，也就是利用电商平台销售农资的企业。它是农资电商的利益相关者，合理的利益分配有助于推动这些企业将更多农资产品通过农资电商平台进行销售。

8.6.2 利益分配模型建立

（1）问题描述

结合前文分析，农资电商在农资供应链运作过程中需要投入固定成本建设线下服务中心，投入的固定成本主要包括租赁或建设房屋、购买办公设备、购买运输车辆等。农资电商除了需要投入固定成本外，还需要投入变动成本，即每次完成农资配送需要花费的燃油费。而农资供应商在农资物流方面虽然不需要花费从县级到农户的物流成本，但仍然需要将农资运输到县级物流中心，同样也需要花费一定的运输成本，双方投入成本的多少会直接影响到各自的利润以及供应链的总利润。除了成本以外，农资价格也会影响各自的利润和供应链的总利润。

（2）利益分配模型假设

① 只考虑由农资电商与农资供应商组成的二级供应链。

② 农资 O2O 供应链上的各决策主体都是完全理性的，且风险偏好是中性的。

③ 农资 O2O 供应链各决策主体依据期望利润最大进行决策。

④ 电商市场的全部信息都是对称的，即农资市场潜在规模、销售价格等信息对所有决策主体是共享的。

⑤ 只考虑一个县级服务中心提供服务范围内的农户需求。

农资需求量受农资的销售价格影响，农资的需求量 D 是销售价格 p_r 的函数，设 $D=\tau\phi-\varphi p_r$ [122]（式中，ϕ 表示农资市场潜在规模；τ 表示电商的市场份额；p_r表示农资销售价格；φ 表示电商渠道影响因子），农资销售价格受农资批发价格影响，按照前文分析，农资批发价格是农资供应商与农资电商的合同订购价格，用 p_g 表示。农资 O2O 供应链利益分配模型相关符号说明如表 8-2 所示。

表 8-2　农资 O2O 供应链利益分配模型相关符号说明

符号	符号意义
D	农资需求量
q	一次配送农资数量
p_s	农资供应商单位采购成本
p_g	合同订购价格
p_r	农资销售价格
c_y	单位运输成本
c_z	县级服务中心到村级服务站一次配送成本
c_j	县级服务中心的单位固定成本
c_r	县级服务中心的库存成本
d	供应商到县级服务中心的距离
π_g	农资供应商的利润
π_n	农资电商的利润

（3）分散决策和集中决策下利润模型构建

根据假设，分别构建分散决策和集中决策下的农资电商利润模型、农资供应商利润模型，通过比较两种决策下各自利润值、供应链总利润值，在保证利润最大化的情况下进行决策选择。

① 分散决策下利润模型建立与分析。

a. 农资电商利润模型。

$$\pi_n=(p_r-p_g)D-(c_j+\frac{D}{q}c_z+\frac{1}{2}c_rD)$$
$$=(p_r-p_g)(\tau\phi-\varphi p_r)-[c_j+\frac{(\tau\phi-\varphi p_r)}{q}c_z+\frac{1}{2}c_r(\tau\phi-\varphi p_r)] \tag{8-6}$$

定理 8.1：分散决策下，对于农资电商的最优销售价格满足

$$p_r^*=\frac{\tau\phi+\varphi p_g+\frac{\varphi}{q}c_z}{2\varphi}+\frac{c_r}{4} \tag{8-7}$$

证明：对农资电商的利润取关于农资销售价格 p_r 的导数并整理得

$$\frac{\partial\pi_n}{\partial p_r}=\tau\phi-2\varphi p_r+\varphi p_g+\frac{\varphi}{q}c_z+\frac{1}{2}\varphi c_r$$

由于 $\frac{\partial^2\pi_n}{\partial^2 p_r}=-2\varphi<0$，因此农资电商利润函数关于销售价格的一阶函数等于 0 时为利润最大化的条件，定理 8.1 得证。

命题 1：分散决策模式下，农资电商的最优定价策略与农资市场潜在规模呈正相关；与电商从县级服务站到村级服务站的一次配送成本成正相关；与农资供应商的批发价格成正相关。

证明：由定理 8.1 的证明过程易知

$$\frac{\partial p_r}{\partial\phi}=-\frac{\frac{\partial^2\pi_n}{\partial p_r\partial\phi}}{\frac{\partial^2\pi_n}{\partial p_r^2}}=-\frac{\tau}{-2\varphi}>0$$

$$\frac{\partial p_r}{\partial c_z}=\frac{\frac{\partial^2\pi_n}{\partial p_r\partial c_z}}{\frac{\partial^2\pi_n}{\partial p_r^2}}=-\frac{\frac{\varphi}{q}}{-2\varphi}>0 \tag{8-8}$$

$$\frac{\partial p_r}{\partial p_g}=-\frac{\frac{\partial^2\pi_n}{\partial p_r\partial p_g}}{\frac{\partial^2\pi_n}{\partial p_r^2}}=-\frac{\varphi}{-2\varphi}>0$$

由式(8-8)可证命题1，即农资电商的农资销售价格随着农资市场规模的增大而增大；随着农资电商从县级服务中心到村级服务站的一次配送成本的增加而增大；随着农资电商县级服务中心的单位库存成本增加而增大。

b. 农资供应商利润模型。

$$\begin{aligned}\pi_g &= (p_g - p_s - c_y d)D \\ &= (p_g - p_s - c_y d)(\tau\phi - \varphi p_r)\end{aligned} \tag{8-9}$$

定理8.2：分散决策下，对于农资供应商的最优协商价格满足

$$p_g^* = \frac{\tau\phi + \varphi p_s + c_y d\varphi}{2\varphi} - \frac{c_z}{2q} - \frac{c_r}{4} \tag{8-10}$$

证明：为了求得分散决策下农资供应商的农资最优协商价格，对 p_g 求偏导数，整理得

$$\frac{\partial \pi_g}{\partial p_g} = \frac{\tau\phi}{2} + \frac{\varphi p_s + c_y d\varphi}{2} - \frac{\varphi c_r}{4} - \frac{\varphi c_z}{2q} - \varphi p_g$$

由于 $\frac{\partial^2 \pi_g}{\partial^2 p_g} = -\varphi < 0$，可知农资供应商利润函数 π_g 关于 p_g 一阶条件为零是利润的最大化条件，即

$$\frac{\partial \pi_g}{\partial p_g} = \frac{\tau\phi}{2} + \frac{\varphi p_s + c_y d\varphi}{2} - \frac{\varphi c_r}{4} - \frac{\varphi c_z}{2q} - \varphi p_g = 0$$

整理得

$$p_g^* = \frac{\tau\phi + \varphi p_s + c_y d\varphi}{2\varphi} - \frac{c_z}{2q} - \frac{c_r}{4}$$

则定理8.2得证。

命题2：分散决策模式下，农资供应商的最优协商价格策略与农资市场潜在规模呈正相关；与农资供应商到农资电商县级服务中心的距离呈正相关；与农资供应商采购成本成正相关。

证明：由定理8.2的证明过程易知

$$\frac{\partial p_g}{\partial \phi} = -\frac{\dfrac{\partial^2 \pi_g}{\partial p_g \partial \phi}}{\dfrac{\partial^2 \pi_g}{\partial p_g^2}} = -\frac{\tau}{-2\varphi} > 0$$

$$\frac{\partial p_g}{\partial d} = \frac{\dfrac{\partial^2 \pi_g}{\partial p_g \partial d}}{\dfrac{\partial^2 \pi_g}{\partial p_g^2}} = -\frac{c_y}{-2} > 0 \tag{8-11}$$

$$\frac{\partial p_g}{\partial p_s}=-\frac{\dfrac{\partial^2 \pi_g}{\partial p_g \partial p_s}}{\dfrac{\partial^2 \pi_g}{\partial p_g^2}}=-\frac{1}{-2}>0$$

由式(8-11) 可证命题2，即农资供应商的农资协商批发价格随着农资商场规模的增大而增大；随着农资供应商到农资电商县级服务中心的距离的增加而增大；随着农资供应商采购成本的增加而增大。

② 集中决策下利润模型建立与分析。集中决策模式下，农资电商与农资供应商作为一个决策系统进行决策，此时整个供应链的利润函数为

$$\begin{aligned}\pi&=(p_r-p_s)D-c_y dD-\left(c_j+\frac{D}{q}c_z+\frac{1}{2}c_r D\right)\\&=(p_r-p_s)(\tau\phi-\varphi p_r)-c_y d(\tau\phi-\varphi p_r)-\left[c_j+\frac{\tau\phi-\varphi p_r}{q}c_z+\frac{1}{2}c_r(\tau\phi-\varphi p_r)\right]\end{aligned} \tag{8-12}$$

定理8.3：集中决策模式下农资供应链最优销售定价为

$$p_{r1}^*=\frac{\tau\phi+\varphi p_s+c_y d\varphi+\dfrac{\varphi c_z}{q}}{2\varphi}+\frac{c_r}{4} \tag{8-13}$$

证明：根据式(8-12) 对集中决策下的农资供应链利润求关于销售价格 p_r 的导数并整理得

$$\frac{\partial \pi}{\partial p_r}=\tau\phi-2\varphi p_r+\varphi p_s+\varphi c_y d+\varphi\frac{c_z}{q}+\frac{1}{2}\varphi c_r$$

由于 $\dfrac{\partial^2 \pi}{\partial^2 p_r}=-2\varphi<0$，可知集中决策模式下农资供应链利润关于销售价格 p_r 的一阶导数等于0时为利润最大，即 $\dfrac{\partial \pi}{\partial p_r}=\tau\phi-2\varphi p_r+\varphi p_s+\varphi c_y d+\varphi\dfrac{c_z}{q}+\dfrac{1}{2}\varphi c_r=0$，整理得 $p_{r1}^*=\dfrac{\tau\phi+\varphi p_s+c_y d\varphi+\dfrac{\varphi c_z}{q}}{2\varphi}+\dfrac{c_r}{4}$，由此定理8.3得证。

命题3：集中决策模式下，农资电商的最优定价策略与农资市场潜在规模呈正相关；与农资电商从县级服务中心到村级服务站的一次配送成本成正相关；与农资供应商的采购成本成正相关。

证明：由定理8.3的证明过程易知

$$\frac{\partial p_{\mathrm{r}}}{\partial \phi}=-\frac{\frac{\partial^2 \pi}{\partial p_{\mathrm{r}}\partial \phi}}{\frac{\partial^2 \pi}{\partial p_{\mathrm{r}}^2}}=-\frac{\tau}{-2\varphi}>0$$

$$\frac{\partial p_{\mathrm{r}}}{\partial c_{\mathrm{z}}}=\frac{\frac{\partial^2 \pi}{\partial p_{\mathrm{r}}\partial c_{\mathrm{z}}}}{\frac{\partial^2 \pi}{\partial p_{\mathrm{r}}^2}}=-\frac{\frac{\varphi}{q}}{-2\varphi}>0$$

$$\frac{\partial p_{\mathrm{r}}}{\partial p_{\mathrm{s}}}=-\frac{\frac{\partial^2 \pi}{\partial p_{\mathrm{r}}\partial p_{\mathrm{s}}}}{\frac{\partial^2 \pi}{\partial p_{\mathrm{r}}^2}}=-\frac{\varphi}{-2\varphi}>0 \tag{8-14}$$

由式(8-14)可证命题3，即农资电商的农资销售价格随着农资市场规模的增大而增大；随着农资电商从县级服务中心到村级服务站的一次配送成本的增加而增大；随着农资供应商的采购成本的增加而增大。

（4）基于利润分配系数的利益分配模型建立与分析

根据分散决策和集中决策中利润模型，引入“利润分配”系数建立利益分配模型，对农资电商与农资供应商进行利益分配，假设 $\eta\in(0,1)$ 为利润分配系数。

$$\begin{aligned}\pi_{\mathrm{n1}}&=(p_{\mathrm{r}}-p_{\mathrm{g}})D-\left(c_{\mathrm{j}}+\frac{D}{q}c_{\mathrm{z}}+\frac{1}{2}c_{\mathrm{r}}D\right)-\eta p_{\mathrm{r}}D\\&=(p_{\mathrm{r}}-p_{\mathrm{g}})(\tau\phi-\varphi p_{\mathrm{r}})-\left[c_{\mathrm{j}}+\frac{\tau\phi-\varphi p_{\mathrm{r}}}{q}c_{\mathrm{z}}+\frac{1}{2}c_{\mathrm{r}}(\tau\phi-\varphi p_{\mathrm{r}})\right]-\\&\quad\eta p_{\mathrm{r}}(\tau\phi-\varphi p_{\mathrm{r}})\end{aligned} \tag{8-15}$$

$$\begin{aligned}\pi_{\mathrm{g1}}&=(p_{\mathrm{g}}-p_{\mathrm{s}}-c_{\mathrm{y}}d)D+\eta p_{\mathrm{r}}D\\&=(p_{\mathrm{g}}-p_{\mathrm{s}}-c_{\mathrm{y}}d+\eta p_{\mathrm{r}})(\tau\phi-\varphi p_{\mathrm{r}})\end{aligned} \tag{8-16}$$

定理8.4：在“利润分配”系数下为满足农资电商利润最大，农资电商最优销售价格应为

$$p_{\mathrm{r2}}^{*}=\frac{(1-\eta)\tau\phi+\varphi p_{\mathrm{g}}+\varphi\frac{c_{\mathrm{z}}}{q}}{2(1-\eta)\varphi}+\frac{c_{\mathrm{r}}}{4(1-\eta)} \tag{8-17}$$

证明：与前文类似，由于 $\frac{\partial^2 \pi_{\mathrm{n1}}}{\partial^2 p_{\mathrm{r}}}=-(1-\eta)2\varphi<0$，即“利润分配”系数下，农资电商利润关于销售价格 p_{r} 的二阶导数小于0，因此，农资电商利

润关于销售价格的一阶导数等于0时为“利润分配”系数下的农资电商利润最大，即

$$\frac{\partial \pi_{n1}}{\partial p_r}=(1-\eta)\tau\phi-(1-\eta)2\varphi p_r+\frac{1}{2}\varphi c_r+\varphi p_g+\varphi\frac{c_z}{q}=0$$

整理得

$$p_{r2}^*=\frac{(1-\eta)\tau\phi+\varphi p_g+\varphi\frac{c_z}{q}}{2(1-\eta)\varphi}+\frac{c_r}{4(1-\eta)}$$

因此定理8.4得证。

定理8.5：在“利润分配”系数下，同理，为保证农资供应商利润最大，农资电商最优销售价格应为

$$p_{r3}^*=\frac{-(p_g-p_s-c_yd)}{2\eta}+\frac{\tau\phi}{2\varphi} \tag{8-18}$$

证明：与前文类似，由于 $\frac{\partial^2\pi_{g1}}{\partial^2 p_r}=-2\eta\varphi<0$，即“利润分配”系数下，农资供应商利润关于协商 p_r 的二阶导数小于0，因此农资供应商利润关于销售价格的一阶导数等于0时“利润分配”系数下的农资供应商利润最大，即

$$\frac{\partial \pi_{g1}}{\partial p_r}=-\varphi(p_g-p_s-c_yd)-2\eta\varphi p_r+\eta\tau\phi=0$$

整理得

$$p_{r3}^*=\frac{-(p_g-p_s-c_yd)}{2\eta}+\frac{\tau\phi}{2\varphi}$$

因此定理8.5得证。

基于以上分析，在利润分配模型下，供应链成员的均衡决策满足

$$\begin{cases}p_{r2}^*=\dfrac{(1-\eta)\tau\varphi+\phi p_g+\phi\dfrac{c_z}{q}}{2(1-\eta)\phi}+\dfrac{c_r}{4(1-\eta)}\\p_{r3}^*=\dfrac{-(p_g-p_s-c_yd)}{2\eta}+\dfrac{\tau\varphi}{2\phi}\\p_{r2}^*=p_{r3}^*\end{cases} \tag{8-19}$$

联立上述方程组，求得集中决策下农资供应商与农资电商的最优协商批发价格为

$$p_g^*=(1-\eta)(p_s+c_yd)-\frac{\eta c_z}{q}-\frac{\eta c_r}{2} \tag{8-20}$$

8.6.3 利益分配策略

（1）设计利润分配契约

结合利益分配模型，可以建立农资供应商和农资电商利润分配契约，契约的内容应该包括利益分配系数、不同分配系数下的农资订购价格、农资供应商利益分配金额的支付方式、农资供应商利益分配金额的支付时间等。

（2）提高农资供应商的努力水平

农资供应商在农资供应链运作中的努力水平直接影响到农资供应链利益分配的实际运作，如果农资供应商切实付出了努力，发挥其品牌优势、渠道优势，提高农资质量，降低流通成本，那么农资电商在利益分配方面除了参考模型外，还可以采取一些灵活的手段，做出适当的调整，让供应商的努力付出得到相应的回报。

（3）加大销售提升供应链利润

利益分配的前提是农资电商利润不断增加，农资电商应该不断扩大农资市场规模，扩大宣传，发挥线下服务网络功能，让更多的农户选择农资电商进行选购，也带动农户对其他商品的选购。同时也充分利用现有的农资供应、物流、金融等各类资源，进行整合，降低企业运作成本，提高农资供应链利润，从而获得更多的利益分配。

（4）加强农资供应商与农资电商的信任

主体间的信任是农资供应链合作的关键，电商平台上会有很多农资品牌，不同农资品牌之间必然存在着一定的竞争，所以农资电商一定要做好商业信息的保密，赢得农资供应商的信任，促使更多的农资供应商加入农资供应链中，形成强大的农资竞争优势，加大农资市场份额，增加农资电商、农资供应商利润。

（5）建立惩罚制度

有些农资供应链节点企业虽然在供应链运作中未能很好地做出自己的贡献，确实也影响到了整个农资供应链的运行效率，为了杜绝其他节点企业效仿，同时也为了督促其更好地合作，可以对这样的节点企业降低利益分配的比例进行惩罚。

8.7 农资O2O供应链风险分担机制

农资O2O供应链风险是由供应链内外部的不确定性所引起的供应链运行实际结果与预期结果之间的偏差，这种偏差会对供应链整体或者成员企业产生负面影响。农资O2O供应链的风险源主要包括外部风险和内部风险。内部风险主要是指由于供应链固有的、不可避免的和人为可避免的因素导致的；而外部风险，一般是指人力不可抗拒的，主要是自然、环境等因素。

8.7.1 风险识别与分析

农资O2O供应链风险主要包括以下几个方面。

（1）自然风险

农业生产受气候的影响特别大，一旦发生大雨、大旱等天气，农户将无法投入农业生产，对农资的需求将无法实现。而且，在农产品种植过程中，也同样会因天气的原因，遭受突发的病虫害，对农资的需求发生变化。

（2）种植风险

农户的从众心理比较重，一般同区域农户种植的产品都一样，一旦农户自行改变种植对象，自然会影响农资的需求。而且，随着种植的变化，现有土壤可能无法适应新的种植对象，同样也会影响到农资需求。

（3）市场需求风险

农资需求受农资价格的影响，目前我国部分农资和原料是从国外进口的，进口农资价格和原料的高低会直接影响到农资的市场价格，而农资价格的变动会直接影响到农资的需求。而且，由于相互之间的信息传递不当或者有误等原因，会导致农资需求从消费者到零售商、到分销商、到供应商被加速放大，引起大量的库存，增加成本。

（4）资金风险

资金是农资O2O供应链运作的关键因素，农资电商与农资供应商之间通过供应链融资方式解决资金不足的问题，同时农资电商向农户进行赊销农资，但是一旦农资电商的资金链出现断链，那么农资O2O供应链将无法正常运作。

（5）合作风险

农资供应链的运作需要农资供应商、农资电商和农户之间建立一套完善的契约关系，但是由于农户学历不高，会因为收入的原因可能并不一定按照合同执行，农资供应商可能会采取双渠道模式，并不一定完全保证电商的订单要求，农资供应不到位。因为有众多的农资供应商，农资电商在进行农资品牌介绍和推广时，可能会有一定的倾向。

（6）运作风险

物流是农资供应链的重要组成部分，物流中断将直接导致农业生产无法进行，农户的需求难以得到满足。然而，物流活动受到很多因素的影响，比如车辆、气候、人员等，一旦这些方面出现问题，必然会导致物流运作得不到实施。

8.7.2 风险评估

风险评估是农资供应链风险管理中的重要内容，根据农资 O2O 供应链中的风险分析，对此进行准确评估，能够帮助农资供应商、农资电商、金融机构、农技服务部门等掌握农资供应链 O2O 风险级别，以便于采取合理的风险控制措施来规避或降低由风险带来的损失。对农资 O2O 供应链风险的评估需要评价自然风险、种植风险、市场需求风险、资金风险、合作风险和运作风险等风险发生的概率、风险导致的损失程度等内容，形成风险评估指标，对评估指标进行评定，判定风险等级。

8.7.3 风险预警

风险预警主要是通过对风险的监控和数据收集，分析潜在的风险，进行预警并控制风险，以构建动态的风险管理。建立完善的风险预警体系，能够适时地进行风险监测，及时做出风险防控措施。风险预警体系应该包括建立风险案例库、建立风险预案库、建立协同预警制度、建立风险降损控制方案。

（1）建立风险案例库

根据农资 O2O 供应链管理实际操作中不断积累的经验和教训，构建农资供应链风险案例库。在此风险案例库中分析清楚导致不同风险的动因、不同风险的影响、风险造成不同损失等，不断累加，不断完善。建立风险案例库是通过对以往经验总结的方式进行风险监管和预警，避免发生同样的错误。

（2）建立风险预案库

风险预案库是对风险案例库的补充，根据前期搜集的风险事例，给出风险解决的方案，并将方案整理成完整的材料，形成应急预案。一旦发生案例库中的风险事例，可以随时找到应急预案，缩短反应时间，降低风险发生的可能性，使得风险水平降低，减少风险带来的损失。为了能够更好达到预案效果，需要将此类信息同时传递给合作企业，让供应链节点企业共同处理。

（3）建立协同预警制度

农资供应链运作以农资电商为核心，但是供应链风险防范需要全部企业共同参与，各个企业不能只顾自身风险，同时要兼顾合作企业的风险，实现协同预警。如果在农资供应链运作过程中，发现农资供应商未能按照合同执行，就应该及时通报参与企业进行预警。

（4）建立风险降损控制方案

一旦风险预警和预案防范措施失效后，必然会造成农资电商与节点企业的损失。为此，需要建立一套降损控制方案，尽可能降低损失带来的负面影响。比如可以购买保险，将风险转移给其他主体，从而降低自身的损失。也可以适当收取一定比例的保证金，以抵消因风险造成的损失。

8.7.4 风险分担策略

（1）促进农资供应链节点成员的统一协作

农资供应商、农资电商和农户的统一协作可以有效地减少不确定因素，加快响应市场的速度，降低供应链风险，增加供应链收益。农资供应链成员之间要形成统一的风险分担决策，签订风险分担契约，并保证可操作执行。一旦出现未能按照要求执行契约的，应加大惩罚力度，坚决放弃下次与之合作。尤其是在受到由于自然灾害这种不可抗力带来的风险时，更要加强节点企业之间的统一协作，必须集中共同资源，共同抵御，共同承担损失。农资电商不单单是提供农户农资产品或农资款项，还应协同龙头企业、农技机构等提供从选种、施肥、病虫害防治、农机作业等全程化的农资服务，才能更好地保证农业生产，通过“生产协作”机制激励农户提高农产品的数量和质量，降低农户生产成本，提高农户生产积极性。除此之外，农资电商还应加强与银行合作，保证资金需求。

（2）完善农业保险制度

农业容易受到自然灾害的影响，而且造成的损失巨大。农户在遭受自然灾害后，农业保险成为强有力的事后补偿措施，农业保险制度应明确各项保险事由，比如保险险种、保险方式、保险额、赔付方式、赔付额等，设立多种保险渠道，丰富和完善农业保险制度。

（3）联合进行库存管理

为了更好地应对突发的农资需求，农资供应链的节点企业间可以开展联合库存管理，联合库存管理强调双方同时参与，共同制订库存控制计划，使供需双方能够互相协调，因此，提高供应能力的透明度对协调风险分担有很重要的作用。

（4）建立一套完善的应急方案

由于受到天气、气候的影响，对农资的需求会发生变化，所以农资供应链企业之间要建立一套完善的应急方案，一旦发生类似现象时，可以随时启动该方案，保证农资供应。应急方案应该包括：应急物流策略、应急农资产品策略等。

（5）将风险分担与利益分配进行平衡

农资电商和农资供应商在农资供应链运作中的地位不同，两者需要承担的风险类型、风险程度自然也不同，但是按照供应链运作风险分担的原则，谁承担的风险越大，其得到的利益也应该相应增加。如果只是让农资供应链节点企业承担风险，而在利益分配方面不能与之平衡的话，那么农资供应链就很难继续运作下去。

8.8 政府保障机制

8.8.1 组织保障

政府应积极激励农业担保公司和农业私有银行的发展，促进其同农资电商的深入合作，给予农户贷款的便利，加快农资金融创新；鼓励创建新型农业服务主体，加大对人才的吸引，发挥其服务功能，实现农资全程一体化服务。

8.8.2 基础设施保障

依据自身经济发展特点，加快对物流园区、物流中心以及配送中心的建设，通过考虑自身的农资产业发展规模、目前设施情况等因素，全面建设与之相匹配的服务型农资物流中心；政府应加大鼓励力度，规划建设具有示范性的农资物流配送中心项目，企业与各高校、研究机构联手研发出新型物流配送中心和配送手段，以此保证供应环节的畅通无阻，最终实现整个地区农资物流配送体系的高效化和现代化。

8.8.3 监管体系保障

目前我国农业经济发展处于瓶颈时期，主要是由于农业生产资料的质量良莠不齐。通过建立“政府-企业-农户”三位一体监管体系，充分发挥政府监督、企业自我监管、农户提升监管意识的作用，并充分利用农资监管平台实时发布信息；利用大数据、互联网等手段与工商、税务等其他部门实现信息共享，多方位建立信用信息平台，对农资企业进行监管和奖惩。除了对农资质量进行监管外，在供应链金融信用方面也应该建立完善的信用监管体系，重点针对中小企业信用缺失等问题提出惩罚措施等。

8.8.4 政策保障

政府应考虑农户、农资供应商的贷款要求，对银行等金融机构进行正向刺激，如下调农业贷款利息税率等；加强信用的法律法规体系建设，加大补贴政策等。

第⑨章

理论到实践——京东农资O2O供应链运作

9.1 RS县京东农资O2O供应链概况

9.1.1 京东农资O2O概述

京东集团投资4600亿元建设农资O2O平台，为亿万农民提供农资产品，是中国第一家采用自营农资方式的综合电商。目前，京东与农商一号、国光、根力多、六国化工、三浦百草等许多农资品牌开展了合作。主要经营的农资产品包括种子、肥料、农药、农机具、饲料等8个大类、36个小类。京东农资O2O平台的重点项目是建立京东农资服务中心，它的功能主要包括以下几点：通过京东的农资在线版块为农户供应种子、农药、化肥、饲料、兽药等农资产品；提供给农户用于购买农资的贷款；提供中小型农资供应商用于农资采购货款；线下服务中心负责本地的农资产品推广，进行农资展示和销售，集中农技专业人员，为农民提供种植技术指导、统防统治等服务。通过京东农资O2O平台，实现了电商与农户之间的对接，让农民体会到电子商务带来的便利。

9.1.2 RS县京东农资O2O供应链分析

RS县是四川省首批扩权强县试点县、县域经济发展先进县。农产品资源丰富，种类繁多，是中国枇杷之乡，也是中国首批电子商务进军农村综合示范县之一，但是，RS县的农业电子商务尚处于起步阶段，存在着物流配送、农资购买等难题。在此背景下，RS县政府于2014年12月与京东集团签订战略合作协议，成为京东进军乡村“星火试点”的第一个签约县。京东集团在RS县成立了一个县级服务中心，九个村级服务站，通过招募乡下推广人员来实现京东与农户之间的对接。乡村推广员不仅解决了乡下物流配送的难题，同时解决了农村信息化水平较差、对电子商务了解程度较低等难题。除此之外，RS县政府同京东签署了互联网农村金融战略合作协议，提出“京农贷”，为当地农户提供贷款约500多万元用于枇杷种植，有效地改善了农户购买农资时贷款难的困境。RS县京东农资O2O供应链如图9-1所示。

按照图9-1，从供应链融资、物流服务、农技推广、信息共享、利益分配和风险分担六个方面实证分析RS县京东农资O2O供应链运作。

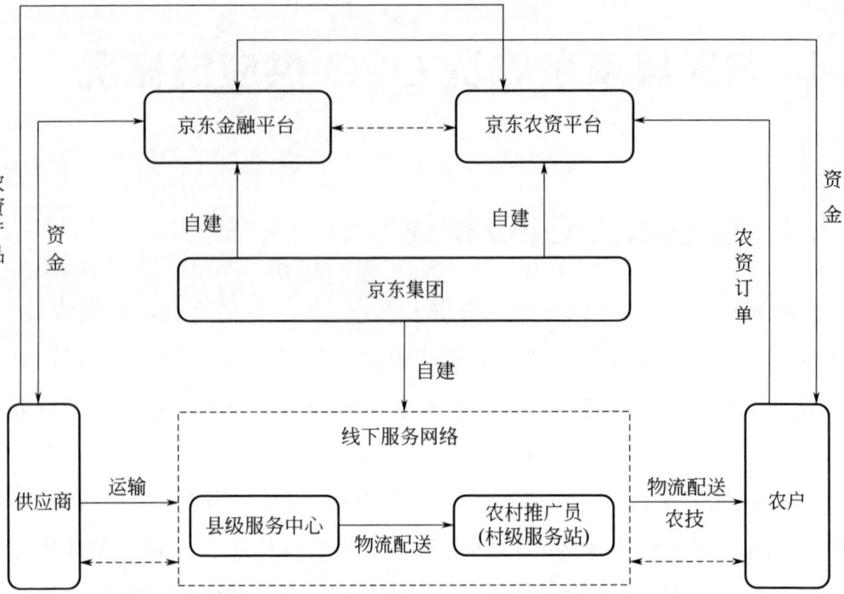

图 9-1　RS 县京东农资 O2O 供应链

9.2 RS 县京东农资 O2O 供应链融资运作

9.2.1 京东与农资供应商的供应链融资分析

为了帮助农资供应商解决融资难题，京东提供“京保贝”金融产品，自己开展供应链金融业务。凭借自有平台上农资供应商的销售、交易、物流、用户评价等数据信息，结合农资供应商财务、经营状况等信息对有资金需求的农资供应商进行综合考核，确定农资供应商融资资格、信用等级，对供应商进行授信，快速发放贷款，同时还提供随借随还的服务，无须任何抵押和担保。RS 县京东农资 O2O 供应链融资方式如图 9-2 所示。

由图 9-2 可知，京东集团通过与农资供应商合作，能够搜集到农资供应商的大量信息，将这些信息通过归类、整理，连同用户信息建立农资大数据库，凭借农资大数据，提高了农资供应商信用管理效果，保障了供应链融资的有效运作，但在实施过程中，仍然会存在农资供应商信息失真、电商平台技术欠缺等问题，因此，从信用担保、贷后监管、技术提升等方面提出策略。

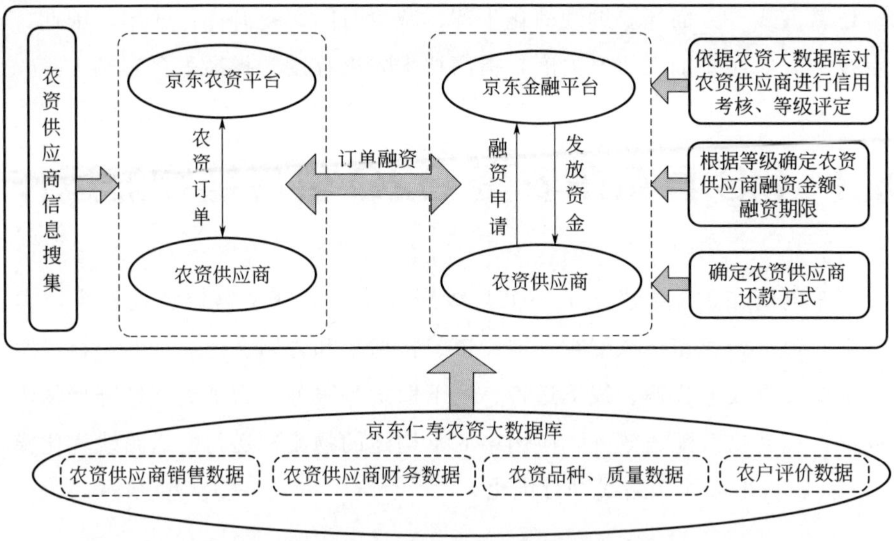

图 9-2　RS 县京东农资 O2O 供应链融资方式

9.2.2　京东农资 O2O 供应链融资策略

（1）联合担保机构共同开展信用担保

尽管京东拥有农资供应商大量的数据，但是仍然存在数据信息失真的情况。有些农资供应商为了能够提高平台销售数据，加大良好的用户评价，会采取刷单等方式，伪造相关数据提高自身信用，以获得更多的融资金额。为了能够防范由于数据失真带来的信用评估不准而引发的信贷风险，京东联合担保机构开展信用担保，将农资供应商的数据信息提供给担保机构，让担保机构为农资供应商提供信用保险的时候，可以以此确定担保额、担保比例等，更好地为农资供应商提供服务，同时也保证了自身的权益。

（2）加强贷后监管工作

京东金融平台在向农资供应商发放贷款后，还需要继续加强对农资供应商监管，随时掌握农资市场行情，了解农资供应商经营状况。农资供应商大都是中小企业，由于自身规模、技术、管理等因素制约，抵抗各种经营风险的能力比较弱，所以，一旦发现农资供应商可能无法履行合同的潜在风险，应该及时采取措施，比如可以出资、出技术等帮助农资供应商解决面临的问题，以保证合同能够继续完成，能按时还款。

（3）提升平台技术水平

为了能够更好地提升融资需求用户的满意度，在融资流程、贷款发放时间、还款方式等方面还要继续简化步骤、减少时间，提升操作效率，因此，在平台技术方面还要加大研发力度，提高技术先进程度，提高平台影响力。

9.3 RS县京东农资O2O供应链物流运作

京东电商在RS县建立了一个县级服务中心，在文宫镇、观音乡、龙正镇、满井镇、始建镇、凤陵乡、宝飞镇、藕塘乡和青岗乡建立了9个村级服务站，主要负责线上代购、线下送货、线下取货等服务。为了更好地降低物流配送成本，提高物流配送效率，应用第6章构建的物流配送与配送路线优化模型对RS县农资物流配送路线进行优化。

9.3.1 京东农资物流配载与配送路线组合优化模型

（1）模型的数据整理

① 县级服务中心与村级服务站的距离。根据RS县县级服务中心和村级服务站的地理位置，县级服务中心与村级服务站的距离如图9-3所示。

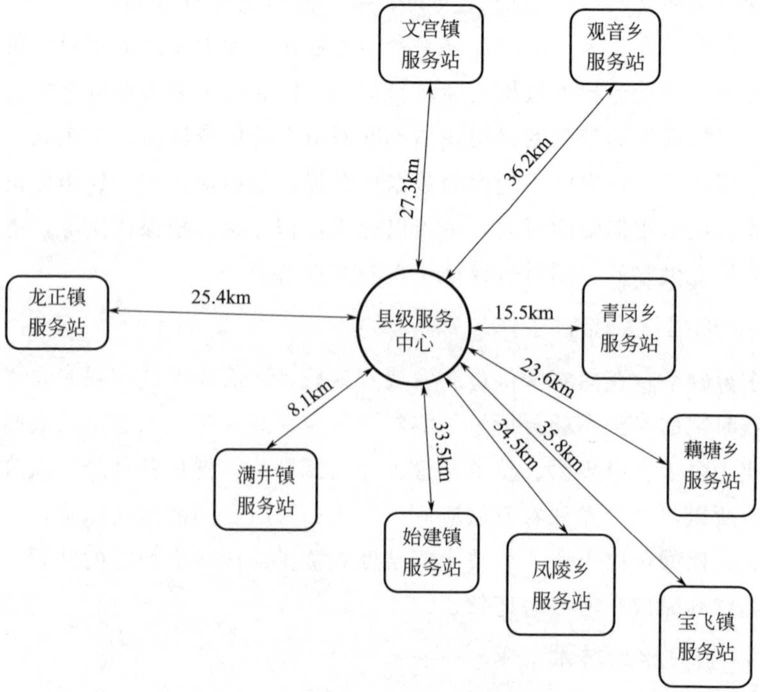

图9-3　县级服务中心与村级服务站距离

② 县级服务中心与村级服务站编号及各级服务站之间的距离。为了便于计算，将县级服务中心和村级服务站从 0～9 进行编号，如表 9-1 所示。按照图 9-3，将县级服务中心与村级服务站距离以及各级村级服务站的距离进行整理，如表 9-2 所示。

表 9-1　县级服务中心、村级服务站编号

合作站编号	合作站名称
0	RS 县京东服务中心
1	文宫镇
2	观音乡
3	龙正镇
4	满井镇
5	始建镇
6	凤陵乡
7	宝飞镇
8	藕塘乡
9	青岗乡

表 9-2　各村级服务站之间的距离

序号	0	1	2	3	4	5	6	7	8	9
0	0	27.3	36.2	25.4	8.1	33.5	34.5	35.8	23.6	15.5
1		0	13.6	39.5	30.2	60.5	49.3	44.9	40.2	25.4
2			0	52.9	50.3	73.9	62.8	58.4	53.7	38.9
3				0	27.6	50.3	59.3	54.9	50.2	50.1
4					0	25.6	28.6	32.2	27.5	27.5
5						0	11.2	17.2	31.8	50.3
6							0	6	20.6	33.5
7								0	16.3	34.8
8									0	23.1
9										0

③ 各村级服务站的农资一次配送需求量。RS 县是枇杷之乡，农户选购农资主要用于枇杷生产，各个村级服务站农资一次配送量如表 9-3 所示。

表 9-3　各村级服务站农资一次配送量

合作站	化肥		农药	
	质量/t	体积/m^3	质量/t	体积/m^3
文宫镇	2.1	15.12	0.19	2.5
观音乡	1.8	12.96	0.16	1.8
龙正镇	2.4	17.28	0.22	3
满井镇	2.7	19.44	0.24	3.2
始建镇	1.5	10.8	0.14	1.6
凤陵乡	1.8	12.96	0.16	1.8

续表

合作站	化肥		农药	
	质量/t	体积/m^3	质量/t	体积/m^3
宝飞镇	1.2	8.64	0.11	1.2
藕塘乡	0.9	6.48	0.08	1
青岗乡	3	21.6	0.27	3.4
总计	12.9	125.28	1.57	19.5

④ RS县京东服务中心配送车辆共有3辆，其车型等信息见表9-4。

表9-4　服务中心配备车型信息

车型	额定载重/t	额定体积/m^3	一次最长行驶距离/km
中型货车	8	80	300

（2）物流配载与配送优化组合模型应用结果分析

① 各参数数值。按照上述数据整理后，得到参数值：

a. 服务站 i 需要配送货物的重量 w_i 、服务站 i 需要配送货物的体积 v_i 如表9-3所示；

b. 第 n 辆车的额定载重量 W_n 、第 n 辆车的额定容积 V_n 如表9-4所示；

c. 第 n 辆车的一次最长行驶距离 $L_n=300\text{km}$；

d. 第 n 辆车的单位成本 $C_n=20$ 元/km；

e. 第 n 辆车的固定成本 $F_n=300$ 元/次；

f. 第 n 辆车的装载利用率成本 $M_n=300$ 元/次；

g. 参考文献［122］判定：$\lambda_1=0.4$，$\lambda_2=0.3$，$\lambda_3=0.3$。

② 结果分析。将参数值代入式(8-1) 计算，采用迭代法得到的结果如下。

第1条路线：0-9-2-1-0，用1辆车，如图9-4所示。

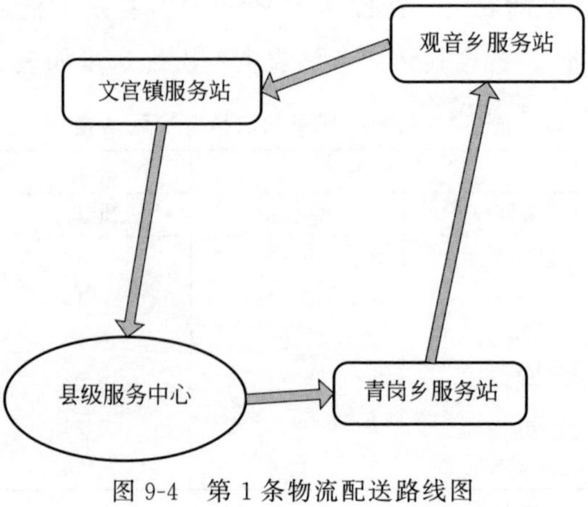

图9-4　第1条物流配送路线图

第 2 条路线：0-4-3-0，用 1 辆车，如图 9-5 所示。

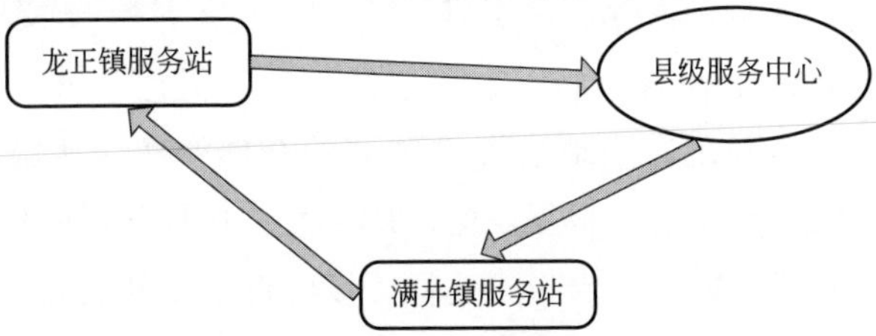

图 9-5　第 2 条物流配送路线图

第 3 条路线：0-5-6-8-8-0，用 1 辆车，如图 9-6 所示。

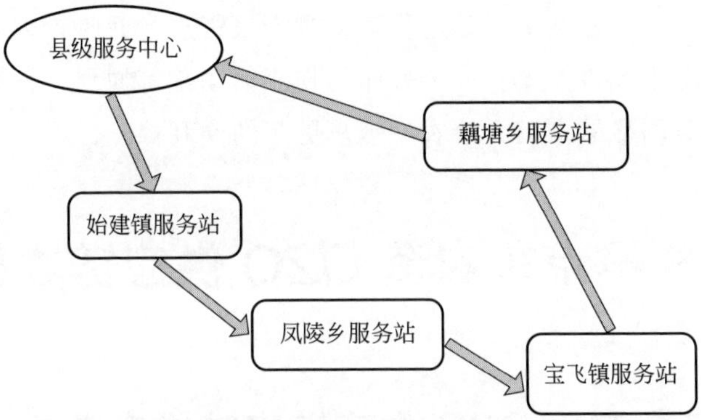

图 9-6　第 3 条物流配送路线图

③ 总成本计算。车辆运送成本见表 9-5。

表 9-5　车辆配送成本　　单位：元

车辆	第 1 辆车	第 2 辆车	第 3 辆车	总成本
成本	2696	1753.125	2352.875	6802

9.3.2　京东农资 O2O 供应链物流策略

除了按照上述规划路线合理地安排车辆以及配送路线外，RS 县京东农资物流还可以从以下几个方面进行运作。

（1）加强与其他第三方物流资源的整合

尽管京东已经建立了完善的物流体系，农资物流活动的完成除了需要花费一定的物流成本外，也会对环境造成一定的污染。因此，如何合理整合物流资源，保证社会可持续发展，是农资物流活动必须解决的问题。京东可以发挥自身的物流优势，联合第三方企业共同开展农资物流配送活动，合理规划共同配送方案，减少物流配送次数，降低物流配送成本，保护农村社会环境。

（2）加强与当地农资经销商合作

农药、化肥有别于普通商品，有一定的气味，无法与普通日销品进行混存，所以京东可以借助现有当地农资供销商的仓储资源，实施仓配一体化运作。在获得农户农资订单后，根据农资供应信息，选择就近的供销商，直接从供销商那里获得农资，配送给农户，这样可以降低京东和农资供销商的库存成本，获得更多的收益。

（3）真正发挥好物流集散功能

京东建立的线下县级服务中心和村级服务站不单单是为了进行农资配送，而且，在农产品种植期结束后，还负责将剩余农资进行回收，因此，在京东农资物流运作过程中，也需要将多个方面的物流活动统筹规划，合理布局，真正发挥其物流服务网络的作用，给农户带来更多的便利。

9.4 RS县京东农资O2O供应链农技推广

9.4.1 京东农资O2O供应链农技推广方式

参考农技推广组织机构和推广方式，京东在平台上建立专家库，利用APP程序让RS县农户能够快速了解一些病虫害防治知识，一旦发现问题，就可以通过拍照取证、信息、拍摄视频等上传至平台，平台的在线专家库可以结合图片信息进行在线反馈和指导。而且，京东已经在RS县建立村级服务站，对于那些不会使用网络的农户，可以直接到村级服务站，让村级推广员协助解决问题。根据京东在农技推广方面的实践，RS县京东农资O2O供应链农技推广方式如图9-7所示。

9.4.2 京东农资O2O供应链农技推广策略

根据京东RS农资O2O供应链农技推广现状，为了加强农技推广的效率，保证农产品质量，提升农资使用效率，减少农资对环境的污染，从以下几个方面提出策略。

（1）鼓励农户主动参与农技推广

农技推广的对象是农户，许多农户由于自身水平有限，不太愿意接受一些

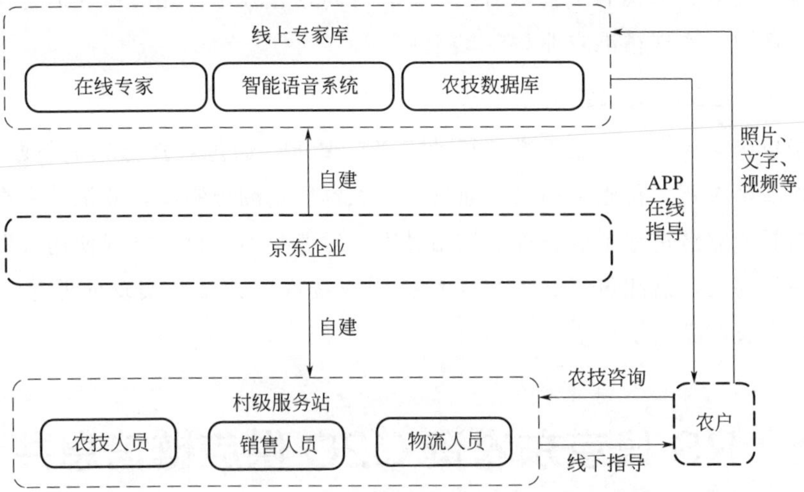

图 9-7 RS 县京东农资 O2O 供应链农技推广方式

新的农技推广方案，处于比较被动的状态，这样加大了农技推广的难度，影响农技推广的效果，为了能够让农户更好地参与到农技推广中，可以将农技服务与金融服务有机结合，对于愿意接受农技推广方案的农户，在资金借贷、融资等方面给予便利，解决农业生产投入资金难题，更好实施农技推广。同时，还可以发挥好自建的物流系统作用，对物流人员进行农技培训，在向农户进行农资配送的时候，可以直接对农户进行指导，对农户提出的农技问题及时给予反馈，对解决不了的农技问题将其反馈给服务中心的农技人员或者专家，让他们对农户进行反馈。通过将农技推广服务与金融服务、物流服务的有机结合，调动农户参与农技推广的积极性，提高农技方案使用效果。

（2）建立有效奖励制度

京东线下的农技推广主要依靠村级服务站人员，他们直接面对面接触农户，能准确掌握农户对农技的需求，同时也能及时地向农户传播农技知识，为了更好地促使村级服务站人员做好农技推广工作，可以设立相应的奖励制度，比如发放奖金、晋升职级等，奖励那些能够准确完成农技推广任务的人员，也可以奖励准确反馈农技需求的人员，确保京东与农户之间农技供需的精准对接。除了对村级服务站人员进行奖励之外，对主动参与农技推广的农户也采取奖励制度，直接发放奖金，或者提供免费的农资产品等。

（3）协同科研院校、政府机构推进先进技术在农技推广中的应用

随着物联网技术、云计算、互联网的快速发展，京东企业在农技推广实施过程中，需要联合科研院所、高新技术企业等机构，共同研发智能灌溉技术、

测土配肥技术、远程病虫害防治技术等，并将这些技术使用方案及时地应用到农业生产中，实现精准农业。

（4）建立农资质量溯源制度

响应国家提出“化肥零增长行动方案”要求，通过农技方案的不断完善，尽可能减少农药、化肥施用量，通过建立农资质量溯源制度，让消费者在选择农产品时能够清楚地了解农资的使用过程，对那些不按科学方式使用农资的农户是一种约束，借此可以让农户主动接受农技推广方案，实现农业生产科学化，提高农产品质量。

9.5 RS县京东农资O2O供应链信息共享

9.5.1 RS县京东农资O2O供应链信息共享方式

根据信息共享机制，建立RS县京东农资O2O供应链信息集成和共享方式，如图9-8所示。

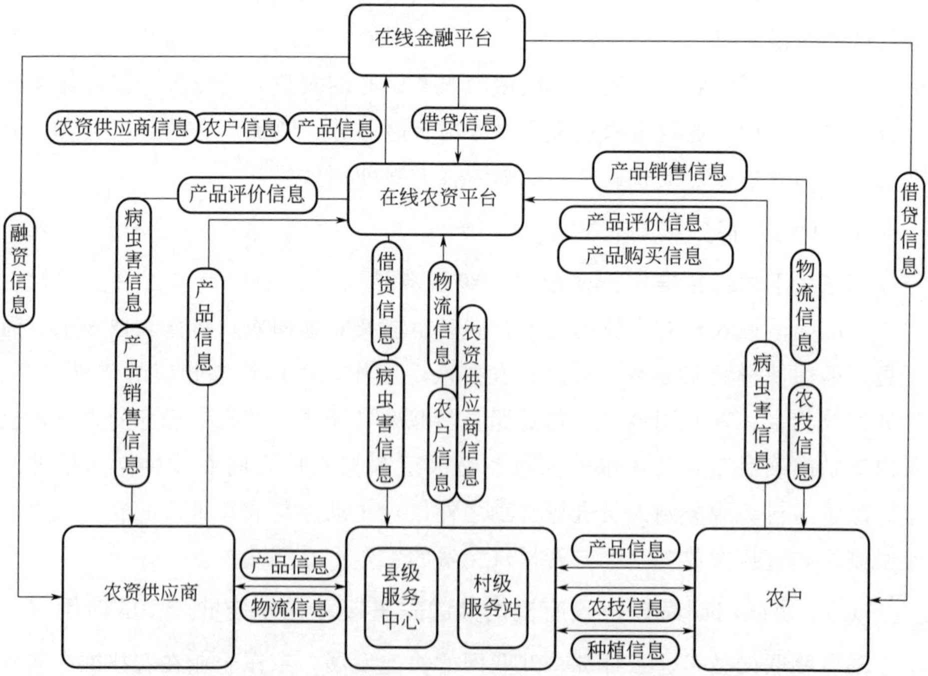

图9-8 RS县京东农资O2O供应链信息集成和共享方式

对京东而言，通过在线农资平台、线下服务中心、在线金融平台掌握农资产品信息、农资销售信息、农资评价信息、病虫害信息、农技需求信息、物流信息、农户种植信息、农资供应商信息、农户信息等，实现 RS 县京东农资 O2O 供应链信息集成。各种类型的信息根据各主体的需要实现信息共享。

对于农户，京东依托自建的在线农资平台将产品信息传递给农户，农户在购买后对产品进行评价，评价信息反馈到在线平台，农户下单后，线下服务中心进行配送，物流信息能同时传递给农户。农户在种植前，根据自己情况反馈给线上平台和线下服务中心农技需求，在线平台和线下服务中心及时给予反馈；在种植过程中，出现的病虫害等信息反馈至在线平台，由线上平台和线下服务中心给予处理。农户由于资金不足，也可以依托京东的在线金融平台，了解资金借贷信息。

对于农资供应商，农资供应商依托京东在线平台了解产品销售信息、产品评价信息，以便进行产品改进，同时，京东也会共享给农资供应商病虫害信息，以便农资供应商可以进行产品开发。农资供应商还可以利用京东在线金融平台了解融资信息，解决资金匮乏问题。

京东除了将信息共享给上、下游主体外，在在线农资平台和金融平台之间也进行信息共享，通过农资平台了解农资供应商和农户的基本情况，便于开展资金借贷。

9.5.2 RS 县京东农资 O2O 供应链信息共享策略

结合京东 O2O 供应链信息共享方式，为了更好提升信息共享的效果，提出以下信息共享策略。

（1）加强京东与农资供应商、农户、农技服务主体的信任和合作

农资 O2O 供应链信息共享的前提是各主体间相互信任，能够向相关主体传递需求的信息，以帮助主体做出合理的决策，所以，必须要加强农资 O2O 供应链各主体间的合作关系，制定有效的奖惩制度。一旦发现个别主体在农资 O2O 供应链运作过程中出现信息失真的情况，要对此进行处罚，甚至将其从供应链中剔除。对于表现好的合作主体，可以通过更多的信息共享方式实现激励。

（2）吸纳更多的乡村推广员，加强对乡村推广员的培训

为了吸引更多的农户能够使用京东平台进行农资购买，需要吸纳更多的乡村推广员，并对他们进行培训，让乡村推广员向农户进行在线农资平台的宣传

和推广，为疑问的农户进行解答，帮助村民线上下单、线下配送等。并利用与农户面对面交流的机会，掌握农户对农资产品使用的信息和评价，并将这些信息及时反馈给京东在线农资平台，通过平台反馈给农资供应商。

（3）推进先进技术在信息采集、信息处理等方面的应用

为了能够保证信息的精准性，京东 O2O 供应链应推进自动识别、全程监控等先进技术在信息采集、信息处理等方面的应用，将人工汇总信息和自动采集的信息进行合并，以便于进行数据分析，做出有效的决策。

9.6 RS县京东农资 O2O 供应链利益分配

9.6.1 京东农资 O2O 供应链利益分配模型

合理的利益分配是京东与农资供应商之间保持长期合作的一个重要内容，按照第 6 章的利益分配模型，分析 RS 县京东农资 O2O 供应链利益分配机制的实施，确定利益分配系数以及利益分配系数下的京东与农资供应商之间的农资订购价格。

（1）利益分配模型参数数值统计

按照 7.3 节中相关的数据信息，参考布瑞克农业数据终端，相关参数数据整理得如下：单位运输成本 $C_y=20$ 元/km；县级服务站按年租赁，租赁成本 $C_j=10000$ 元/年；县级服务站到村级服务站的配送总成本 $C_z=6802$ 元；县级服务站的库存成本 $C_r=100$ 元/t；供应商单位农资采购成本 $P_s=1000$ 元/t；供应商到县级服务站的距离 $d=35$km；一次配送农资量 $q=12.9$t。利益分配模型参数值如表 9-6 所示。

表 9-6　利益分配模型参数值

C_y /(元/km)	C_j /(元/年)	C_z /(元/年)	C_r /(元/t)	P_s /(元/t)	q/t	d/km	ϕ	φ/t
20	1000	6802	100	1000	12.9	35.5	0.5	4200

（2）集中决策下农资价格与市场规模、成本间关系分析

将参数代入集中决策模式下销售价格的关系式中，可得出销售价格与县级服务中心到村级服务站的配送成本、供应商采购成本之间的关系，见图 9-9 和图 9-10。

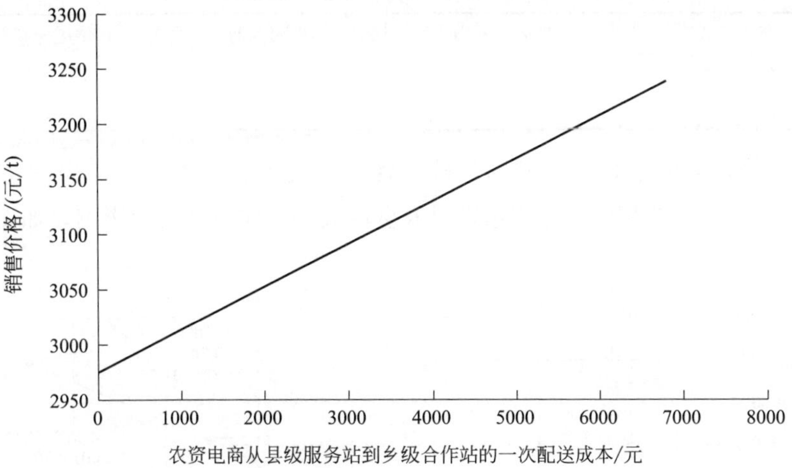

图 9-9　农资销售价格与配送成本之间的关系

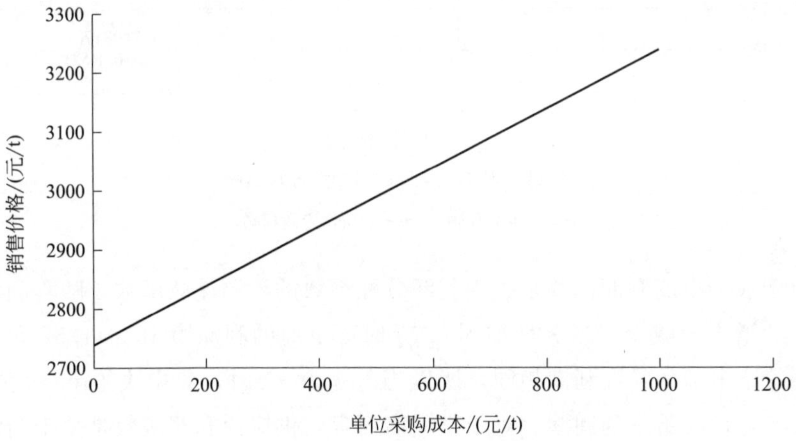

图 9-10　农资销售价格与单位采购成本之间的关系

由图 9-9 和图 9-10 可以看出销售价格与县级服务站的单位配送成本、采购成本成正相关，即农资销售价格随着单位配送成本、单位生产成本增加而增大。

（3）利润分配系数对利润的影响分析

① 计算集中决策和分散决策下各自的利润。在集中决策方式下，电商与供应商能够进行利益分配的原因是集中决策获得利润大于分散决策获得的利润，所以先计算分散决策与集中决策下农资电商与农资供应商获得的利润。将参数带入相应表达式中，农资 O2O 供应链利润情况如表 9-7 所示。

表 9-7　农资 O2O 供应链利润情况　　单位：元

变量模式	供应商利润	电商利润	供应链利润
分散决策	231120.5	105611.52	336732.02
集中决策	—	—	452103.251

② 确定分配系数对利润的影响。将参数代入相应表达式［式(8-15) 和式(8-16)］中，分析利益分配系数对农资电商和供应商利润的影响，如图 9-11 所示。

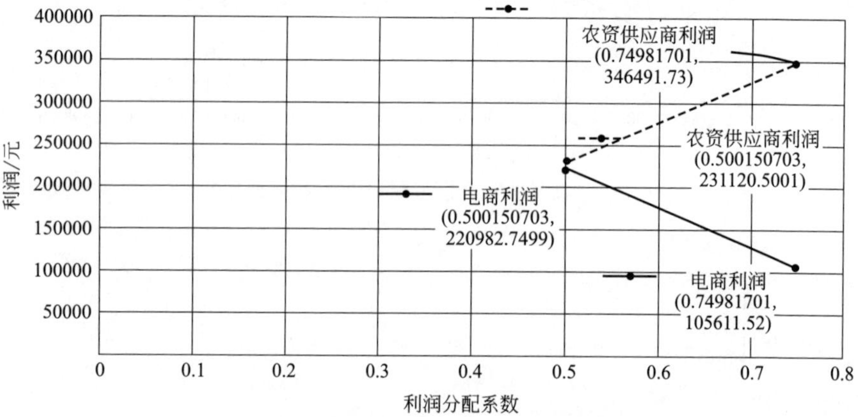

图 9-11　利润分配系数对利润的影响

—●— 电商利润；--●-- 农资供应商利润

由于农资电商利润函数是关于利润分配系数的单调递减函数，随着利润分配系数的增大而减少，当 η 增加到 0.75 时，电商的利润为 105611.52 元，与分散决策下电商的最大利润相同，所以当 $\eta < 0.75$ 时，集中决策下电商的利润恒大于分散决策下的利润。对于供应商而言，供应商利润函数是关于利润分配系数的单调递增函数，随着利润分配系数的增加而增大。当 η 为 0.5 时，供应商的利润为 231120.5 元，与分散决策下的最大利润相同，所以当 $\eta > 0.5$ 时，集中决策下电商的利润恒大于分散决策下的利润。

（4）基于利润分配系数的定价决策

将各参数带入关系式［式(8-20)］中，得到订购价格与利润分配系数的关系如图 9-12 所示。

9.6.2　京东农资 O2O 供应链利益分配策略

（1）确立利润分配系数区间进行合理利益分配

由图 9-12 所示，当利润分配系数取值范围为 $\eta \in (0.5, 0.75)$ 时，农资电

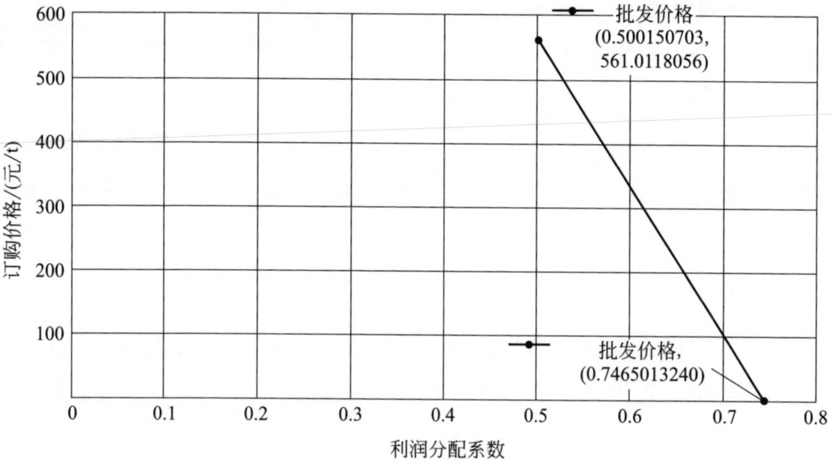

图 9-12 订购价格与利润分配系数的关系

商与供应商利润均大于分散决策下的利润。因此，京东与农资供应商的利润分配系数可以从这个范围中进行选择。

（2）根据利润分配系数进行定价

如图 9-12 所示，供应商与电商的协商价格与利润分配系数有关，协商价格随着利润分配系数的增加而减少，因此根据计算结果，供应商与电商的协商价格取值范围为 0～561 元/t。由此可见，价格并不是唯一的，是可以动态变化的，可以结合双方做出的实际贡献进行调整利益分配系数，从而调整订购价、销售价，真正发挥利益分配机制的有效性，发挥双方的主动性，使得双方能够积极投入农资供应链运作。

9.7 RS县京东农资O2O风险分担

9.7.1 京东农资O2O供应链风险分析

（1）订单风险

由于受到天气、自然灾害的影响，农户在作物成熟时可能无法提供订单的产品和数量，直接影响加工企业对农产品的加工，影响到农产品在京东平台上的销售，降低顾客满意度，而且农产品收入也无法得到满足，农户无力偿还贷款、利息。

（2）信用风险

信用风险是农资供应链运作风险中最常见的一种风险。对京东而言，直接将贷款发放给农户，必须要对农户进行信用评估。但是目前农户贷款信息、资信等情况都在当地农信社，有些农户甚至从来就没有向银行贷款，无法考察农户的信用情况，这对京东来说，农户会不会到期偿还贷款，按时履行合同就无法很好地评估。

（3）技术风险

京东平台的操作是通过网络操作实现的，操作的人员、流程、系统等方面的不完善都会影响到京东平台农资产品销售、京东贷运作等，可能会造成一定的损失。

（4）外部环境风险

农资供应链运作同样也会受到外部环境的影响，比如法律、政策等。

9.7.2 京东农资 O2O 供应链风险分担策略

通过分析 RS 县京东农资 O2O 供应链运作的风险，从而提出相应的风险分担策略。

（1）提高员工素质和业务水平

京东农资供应链风险产生的是由于人员操作不当导致的，所以需要提高操作人员的素质。提高员工素质可以通过对员工进行技能培训来实现，对员工进行金融知识、风险知识和计算机操作能力的培训，同时也要增强员工在职业素养和职业道德等方面的教育，降低员工欺诈风险。不仅要对京东员工进行培训，也要对供应链节点企业的员工进行培训，让他们了解京东农资供应链金融产品的特点，提高节点企业员工对风险分析、预测和掌控的能力。

（2）深入与龙头企业合作，提高信用审核

零散的农户由于知识水平不高，很难准确预测农产品市场信息，不能很好地适应农业市场的变化。龙头企业会对初级农产品进行加工，创造更多的利润，可以通过带领农户降低市场风险，获得更多的收益。京东通过与龙头企业合作，能够准确地了解农户的基本信息，便于对农户进行信用考核。同时将农户和龙头企业联合在一起，也保证了农业生产的投入和农业产出的收入。由于与龙头企业建立了良好的深入的合作关系，龙头企业也替京东承担监管、防范的任务，当出现任何影响资金使用、回收的风险时，会主动将信息传递给京东，便于京东及时、准确地做出回应。

（3）加强与当地政府合作，共同监管

可以借助当地政府的力量，发挥政府宏观调控、指导监督的作用，设置科学的准入标准，利用规章制度对信用不良的农户提出相应的惩罚，也可结合工作需要，和农户保持良好的沟通，及时掌握农户动向，便于提前做好防范。

（4）引入“天气+期权”机制

农业生产最易受到天气的影响，引入“天气＋期权”机制能解决因天气带来的供应链风险。把期权引进线上供应链金融的运作过程中，使得京东农资O2O供应链参与企业可以进行库存的锁定。农资O2O供应链中的上游企业可通过多种方式规划农资销售。在实际农资O2O供应链交易中，由于农资的销售可能是按间歇性需求和周期性需求销售的，如果农资电商平台采用带期权的分批供销合同形式，使得农资供应商提前锁定未来农资交易带来的利润，同时也可以方便农资供应商进行库存与采购安排。

第⑩章

总结

10.1 主要创新点

创新点主要有3个方面。

① 建立“主体-功能-流程”的农资O2O供应链体系。运用Hotelling博弈模型分析农资O2O供应链主体，构建农资O2O供应链主体结构模型，分析农资O2O供应链的“资金流、物流、信息流、农技服务流”等功能要素、流程，构建“多主体、多功能、闭合流程”农资O2O供应链体系。

② 基于不同农资需求情景建立农资O2O供应链体系的SD模型。基于农资O2O供应链因果关系，建立农资O2O供应链系统动力学仿真模型，针对间歇性和连续性周期两种不同农资需求情景，对农资O2O供应链体系SD模型进行了仿真分析。

③ 建立农资O2O供应链运作机制。基于农资O2O供应链体系，从主体合作、资源优化、信用、政府扶持等方面构建包括利益分配、风险分担、物流资源整合优化、信息共享、供应链融资、农技推广、政府保障等农资O2O供应链运作机制，确立了相应策略。

10.2 研究展望

一是构建农资供应链O2O运作机制的有效性评价体系。对农资供应链运作进行了实证，并没有对实证企业进行供应链运作的评价，这个内容在以后的研究中将继续进行；二是运用系统动力学对农资O2O供应链体系进行仿真时，可以考虑结合农资不同需求，调整融资期限、融资比例等参数进行进一步研究。

附录1

农资企业供应链现状的访谈提纲

先生/女士：

您好！

首先对于您能在百忙之中填写这份调查问卷我表示万分的感谢，这是一项关于农资企业供应链现状的调查。本问卷完全应用于个人学术研究，其中涉及的个人信息将得到妥善的保护。衷心希望可以得到您最真实的选择和意见！

第一部分　企业基本特征

1.企业名称：

2.企业类型：

3.年销售额：

4.员工人数：

5.被调研者岗位：

第二部分　访谈提纲

1.贵公司在全国哪些省、市有分销商？在各省、市、县是否都有赊销现象？资金回收情况如何？

2.贵公司在农资采购、生产方面是否有资金困难？如何解决？效果如何？

3.贵公司农资的运输和配送是如何做的？农户对贵公司的农资物流是否满意？

4.贵公司每年的农资库存量大吗？如果大的话，你认为是什么原因？

5.贵公司是自建电商平台进行农资销售？还是通过第三方电商平台进行农资销售？

6.贵公司通过电商平台销售的农资品种主要有哪些？销售情况如何？与第三方电商平台合作情况如何？难点是什么？

7.贵公司在电商平台销售的农资是否愿意外包给第三方物流企业进行配送？

8.您认为网络农资销售与传统农资销售最大的区别是什么？最需要解决的问题是什么？

附录2

农户对农资服务需求的访谈提纲

先生/女士：

您好！

首先对于您能在百忙之中填写这份调查问卷我表示万分的感谢，这是一项农户对农资服务的需求意愿的调查。本问卷完全应用于个人学术研究，其中涉及的个人信息将得到妥善的保护。衷心希望可以得到您最真实的选择和意见！

第一部分　农户基本特征

1.农户姓名：

2.农户年龄：

3.农户所在地：

4.主要种植产品：

第二部分　农户访谈提纲

1.你一般如何购买农药、化肥？如果化肥量大的话，你一般如何运输？

2.你认为农药、化肥的价格高不高？如果你购买农药、化肥的钱不够，你怎么办？如果通过银行贷款的话，你认为是否方便？

3.你会买到假冒伪劣的农资产品吗？如果买到，你一般怎么处理？

4.在施肥、除虫的过程中，如果遇到技术难题，你一般怎么解决？是不是每次都能很好地解决？

5.如果网上农药、化肥价格相对便宜，还可以赊销农药、化肥，你是否愿意上网购买？

6.如果上网购买农药、化肥，而且网上购买的农资有人专门送到田地和家，你是否愿意上网购买？

7.你更需要哪些配套的农技服务？

参考文献

[1] Hovelaque V, Duvaleix-Tréguer S, Cordier J. Effects of constrained supply and price contracts on agricultural cooperatives [J]. European Journal of Operational Research, 2009, 199 (3): 769-780.

[2] Cechin A, Bijman J, Pascucci S, et al. Decomposing the Member Relationship in Agricultural Co-operatives: Implications for Commitment [J]. Agribusiness, 2013, 29 (1): 39-61.

[3] 赵鱼，武拉平.农资市场发育程度对农户粮食种植行为的影响——基于河北省样本农户的实证分析 [J].农业技术经济，2012 (07)：56-62.

[4] 郭永田，龚谨，张蕙杰.农业生产资料价格对蔗农收入影响研究 [J].农业技术经济，2013 (05)：113-118.

[5] 李奎刚.豫北地区现代农资物流运作模式研究 [J].安徽农业科学，2011，39 (16)：10048-10050.

[6] 符家鸿.基层农资连锁经营体系研究——以海南省为例 [J].宁夏农林科技，2012，53 (03)：62-63.

[7] 方薇，崔超远，宋良图.混合编码模式的农资溯源服务系统 [J].农业工程学报，2012，28 (14)：164-169.

[8] 任保才，马新明.农资电商平台发展浅析 [J].中国农学通报，2013，29 (11)：198-202.

[9] 杜鹃，陈良庚.基于 ASD 与 LBS 的移动农资物流配送系统研究 [J].现代电子技术，2017，40 (01)：168-170.

[10] 曾鸣，谢虎军.湖南农村农资电商化经营的研究与实践——以网上供销社为例 [J].企业技术开发，2017，36 (01)：89-91.

[11] 王玲玲，刘恩平，李玉萍，等.基于 RFID 的热带农产品生产农资信息电子标识方法 [J].农机化研究，2013，35 (09)：8-10.

[12] 庄丽娟，贺梅英，张杰.农业生产性服务需求意愿及影响因素分析——以广东省 450 户荔枝生产者的调查为例 [J].中国农村经济，2011 (03)：70-78.

[13] 王钊，刘晗，曹峥林.农业社会化服务需求分析——基于重庆市 191 户农户的样本调查 [J].农业技术经济，2015 (09)：17-26.

[14] Chen X, Wang X J, Jiang X K. The impact of power structure on the retail servicesupplychainwith anO2Omixed channel. Journal of the Operational Research Society [J]. 2016 (6): 294-301.

[15] Ji J, Zhang Z, Yang L. Comparisons of initial carbon allowance allocation rules in an O2O retail supply chain with the cap-and-trade regulation [J]. International Journal of Production Economics, 2017, 187: 68-84.

[16] Kong L, Liu Z, Pan Y, et al. Pricing and service decision of dual-channel operations in an O2O closed-loop supply chain [J]. Industrial Management & Data Systems, 2017, 117 (8): 1567-1588.

[17] 刘路星，郑蓉蓉，吴声怡.有机农产品 O2O 营销模式创新研究 [J].求索，2015 (08)：46-49.

[18] 刘助忠，龚荷英."互联网+"时代农产品供应链演化新趋势——基于"云"的农产品供应链运作新模式 [J].中国流通经济，2015，29 (09)：91-97.

[19] 岳向华，许明辉. 基于O2O模式的生鲜冷链研究 [J]. 商业研究，2015（07）：169-177.

[20] 徐广兰，李艳军. 农户对农资产品网购的意愿及影响因素分析——基于山东、安徽两省312位农户的实证研究 [J]. 农林经济管理学报，2017，16（05）：633-642.

[21] Resta B，Gaiardelli P，Cavalieri S，et al. Enhancing the Design and Management of the Product-Service System Supply Chain：An Application to the Automotive Sector [J]. 2017，9（4）：302-314.

[22] Yazdani M，Zarate P，Coulibaly A，et al. A group decision making support system in logistics and supply chain management [J]. Expert Systems with Applications An International Journal，2017，88（C）：376-392.

[23] 强文丽，成升魁，刘爱民，等. 巴西大豆资源及其供应链体系研究 [J]. 资源科学，2011，33（10）：1855-1862.

[24] 侯艳红，丛萌. 基于GPO的医疗供应链体系的优化研究 [J]. 工业技术经济，2011，30（05）：130-134，155.

[25] 赵晓飞. 我国现代农产品供应链体系构建研究 [J]. 农业经济问题，2012，33（01）：15-22.

[26] 杜永红. 农产品智能供应链体系构建研究 [J]. 经济纵横，2015（06）：75-78.

[27] 颜波，苑俊丽，刘睿. 科技创新服务供应链体系的构建——基于广东省丰顺县的实证分析 [J]. 科技管理研究，2016，36（11）：79-84.

[28] 文华. "互联网+"视角下的供应链体系优化 [J]. 当代经济管理，2016，38（09）：12-19.

[29] Bam L，Mclaren Z M，Coetzee E，et al. Reducing stock-outs of essential tuberculosis medicines：a system dynamics modelling approach to supply chain management. [J]. Health Policy & Planning，2017（09）：37-40.

[30] Miao S，Wang T，Chen D. System dynamics research of remanufacturing closed-loop supply chain dominated by the third party [J]. Waste Manag Res，2017，35（4）：379.

[31] Kochan C G，NowickiD R，Sauser B，et al. Impact of cloud-based information sharing on hospital supply chain performance：A system dynamics framework [J]. International Journal of Production Economics，2017（36）：237-242.

[32] Ricardo Saavedra，Fontes，Cristiano Hora de. Francisco Gaudencio M. Sustainable and renewable energysupplychain：Asystemdynamics overview [J]. Renewable& Sustainable Energy Reviews，2018（82）：247-259.

[33] 甘筱青，高阔. 生猪供应链模式的系统动力学仿真及对策分析 [J]. 系统科学学报，2012，20（03）：46-49.

[34] 兰庆高，王婷睿. 预付账款类供应链金融产品比较研究——基于系统动力学方法 [J]. 技术经济与管理研究，2014（09）：72-77.

[35] 于丽萍，王聪，邱若臻. 供应链绩效对企业经济增加值的影响——基于系统动力学的关联模型研究 [J]. 工业工程与管理，2015，20（05）：21-26.

[36] 张玉春，周金华. 再制造优先闭环供应链质量控制与优化系统动力学模型及仿真 [J]. 工业工程与管理，2016，21（02）：92-99+107.

[37] 成琼文，周璐. 基于系统动力学的绿色供应链管理实践路径仿真 [J]. 科技管理研究，2016，36

(23)：226-231.

[38] Shin H，Tunca T I. Do Firms Invest in Forecasting Efficiently? The Effect of Competition on Demand Forecast Investments and Supply Chain Coordination [J]. Operations Research，2010，58 (6)：1592-1610.

[39] Zhu Q，Li H，Zhao S，et al. Redesign of service modes forremanufactured products and its financial benefits [J]. International Journal of Production Economics，2016，171：592-610.

[40] Wandfluh M，Hofmann E，Schoensleben P. Financing buyer-supplier dyads：an empirical analysis on financial collaboration in the supply chain [J]. International Journal of Logistics，2015，19 (3)：1-18.

[41] 邱洪全，罗键. 基于供应链协同的生鲜农产品订货策略研究 [J]. 数学的实践与认识，2016，46 (15)：173-178.

[42] 彭勃. 基于产业集群模式的港口物流柔性供应链：概念及运作机制 [J]. 科技管理研究，2012，32 (03)：144-148+152.

[43] 周湘贞. 协同化机制下的农产品供应链研究 [J]. 商业经济研究，2017 (19)：133-137.

[44] 张艾荣. 政府电子服务供应链模式设计与运作机制研究 [J]. 中国社会科学院研究生院学报，2013 (06)：44-48.

[45] Comelli M，Féniès P，Tchernev N. A combined financial and physical flows evaluation for logistic process and tactical production planning：Application in a company supply chain [J]. International Journal of Production Economics，2008，112 (1)：77-95.

[46] Wandfluh M，Hofmann E，Schoensleben P. Financing buyer-supplier dyads：an empirical analysis on financial collaboration in the supply chain [J]. International Journal of Logistics，2015，19 (3)：1-18.

[47] Wuttke D A，Blome C，Heese H S，et al. Supply chain finance：Optimal introduction and adoption decisions [J]. International Journal of Production Economics，2016 (178)：72-81.

[48] Jing Bing，Seidmann，Abraham. Finance sourcing in asupplychain [J]. Decision Support Systems. 2014 (08)：15-20.

[49] Yang H，Zhuo W，Shao L. Equilibrium evolution in a two-echelon supply chain with financially constrained retailers：The impact of equity financing [J]. International Journal of Production Economics，2017，(185)：139-149.

[50] Chen J. The Optimal Strategies of Risk-Averse Newsvendor Model for a Dyadic Supply Chain with Financing Service [J]. Discrete Dynamics in Nature and Society，2017 (4)：1-15.

[51] Isakson S R. Food and finance：the financial transformation of agro-food supply chains [J]. Journal of Peasant Studies，2014，41 (5)：749-775.

[52] 马娟，万解秋. 银行与第三方物流合作供应链金融：异业协作的演化博弈 [J]. 现代财经（天津财经大学学报），2015，35 (03)：47-57.

[53] 刘圻，应畅，王春芳. 供应链融资模式在农业企业中的应用研究 [J]. 农业经济问题，2011，32 (04)：92-98，112.

[54] 李卫姣，马汉武. 基于 B2B 的供应链融资模式研究 [J]. 科技与管理，2011，13 (04)：68-72.

[55] 谢世清，何彬. 国际供应链金融三种典型模式分析［J］. 经济理论与经济管理，2013（04）：80-86.

[56] 董振宁，刘文娟，王卓，等. 统一授信下订单融资的担保服务定价［J］. 财会月刊，2016（02）：111-113.

[57] 黄静思，宋河，宋新红. 供应链金融贷款风险识别与评价方法研究［J］. 金融理论与实践，2014（02）：46-49.

[58] 白少布，刘洪. 供应链融资运作中的委托代理激励机制研究［J］. 软科学，2011，25（02）：40-46.

[59] 王宗润，田续燃，陈晓红. 考虑隐性股权的应收账款融资模式下供应链金融博弈分析［J］. 中国管理科学，2015，23（09）：1-8.

[60] 王婷睿. 供应链金融：解决农民贷款难问题之新途径探析［J］. 区域金融研究，2010（06）：55-57.

[61] 罗元辉. 供应链金融与农业产业链融资创新［J］. 中国农村金融，2011（09）：74-75.

[62] 马九杰，张永升，佘春来. 基于订单农业发展的农业价值链金融创新策略与案例分析［J］. 农村金融研究，2011（07）：11-17.

[63] Bower J L. Disruptive Technologies ：Catching the Wave［J］. Harvard Business Review，1995，73（1）：43-53.

[64] Lee H L，Padmanabhan V，Whang S. Information Distortion in a Supply Chain：The Bullwhip Effect［J］. Management Science，1997，43（4）：546-558.

[65] Chen F，Drezner Z，Ryan J K，et al. Quantifying the Bullwhip Effect in a Simple Supply Chain：The Impact of Forecasting，Lead Times，and Information［J］. Management Science，2000，46（3）：436-443.

[66] Vezzoli C，Ceschin F，Diehl J C，et al. New design challenges towidely implement ‘Sustainable Product-Service Systems’［J］. Journal of Cleaner Production，2015，97：1-12.

[67] Patnayakuni R，Rai A，Seth N. Relational Antecedents of Information Flow Integration for Supply Chain Coordination［J］. Journal of ManagementInformation Systems，2006，23（1）：13-49.

[68] Chen F，Federgruen A，Zheng Y S. Coordination Mechanisms for a Distribution System with One Supplier and Multiple Retailers［J］. Management Science，2001，47（5）：693.

[69] Lee H L. Information Sharing in a Supply Chain［J］. International Journal of Technology Management，2000，20（3）：47-53.

[70] Yu Z，Yan H，Cheng T C E. Benefits of information sharing with supply chain partnerships［J］. Industrial Management & Data Systems，2001，101（3）：114-121.

[71] Croom S，Romano P，Giannakis M. Supply chain management：an analytical framework for critical literature review［J］. European Journal of Purchasing & Supply Management，2000，6（1）：67-83.

[72] Crepel F，Dhanjala S S. Quantifying the Value of Leadtime Information in a Single-Location Inventory System［J］. Manufacturing Service Operations Management，2005. 7（02）：144-151.

[73] Ferguson M E，Ketzenberg M E. Information Sharing to Improve Retail Product Freshness of Per-

ishables (ed. 3) [J]. Georgia Institute of Technology, 2005, 15.

[74] Huang B, Iravani S M R. Optimal production and rationing decisions in supply chains with information sharing [J]. Operations Research Letters, 2007, 35 (5): 669-676.

[75] 姜荣，陈敬贤，杨琳. 服务供应链信息共享、合作关系与企业绩效的关系研究 [J]. 现代情报，2013，33 (09)：25-28.

[76] 隋博文. 中国农产品供应链协同机制的研究现状、存在问题及未来研究的方向与重点 [J]. 西部经济管理论坛，2016，27 (02)：30-33.

[77] 廖诺，李小燕，吴菊华. 供应链间横向竞合战略对信息共享与创新绩效的影响研究 [J]. 科技进步与对策，2016，33 (13)：27-33.

[78] 李晓翔，胡梦. 供应链信息共享效用：基于企业层级、信息类型的视角 [J]. 中央财经大学学报，2017 (02)：93-100.

[79] 肖美丹，陈铭洋，沙德春，等. 考虑额外服务和渠道地位的供应链信息共享均衡策略 [J]. 软科学，2016，30 (09)：99-103，111.

[80] Davis M, Maschler M. Existence of stable payoff configurations for cooperative games [J]. Bulletin of the American Mathematical Society, 1963, 69 (69): 106-108.

[81] Giannoccaro I, Pontrandolfo P. Supply chain coordination by revenue sharing contracts [J]. International Journal of Production Economics, 2004, 89 (2): 131-139.

[82] Palsule-Desai O D, Tirupati D, Chandra P. Stability issues in supply chain networks: Implications for coordination mechanisms [J]. International Journal of Production Economics, 2013, 142 (1): 179-193.

[83] Govindan K, Popiuc M N. Reverse supply chain coordination by revenue sharing contract: A case for the personal computers industry [J]. European Journal of Operational Research, 2014, 233 (2): 326-336.

[84] Duca J V, Vanhoose D D. Goods-market competition and profit sharing: a multisector macro approach [J]. Journal of Economics & Business, 1998, 50 (6): 525-534.

[85] Eppen G D, Iyer A V. Backup agreements in fashion buying—the value of upstream flexibility [J]. Management Science, 1997, 43 (11): 1469.

[86] Corbett A. Supplier's Optimal Quantity Discount Policy Under Asymmetric Information [M]. 2000.

[87] Morasch K. Strategic alliances as Stackelberg cartels-concept and equilibrium alliance structure [J]. International Journal of Industrial Organization, 2000, 18 (2): 257-282.

[88] Gavirneni S. Benefits of co-operation in a production distributionenvironment [J]. European Journal of Operational Research, 2001, 130 (3): 612-622.

[89] Burrows R. The profit is in the details [J]. Journal of Business Strategy, 2001, 22 (3): 34-38.

[90] Fellenz M R, Augustenborg C, Brady M, et al. Requirements for an Evolving Model of Supply Chain Finance: A Technology and Service Providers Perspective [J]. Communications of the Ibima, 2009, 10 (29).

[91] 周艳飞，王磊. 基于层次分析法的第三方物流企业动态联盟合作伙伴选择研究 [J]. 青岛大学学

报（自然科学版），2016，29（03）：122-127，134.

[92] Hotelling H. Stability in Competition [J]. Economic Journal，1929，39（153）：41-57.

[93] 蔺雷，吴贵生. 服务延伸产品差异化：服务增强机制探讨——基于 Hotelling 地点模型框架内的理论分析 [J]. 数量经济技术经济研究，2005（08）：138-148.

[94] 王婷睿，初永泽. 农业订单融资探析 [J]. 大连民族学院学报，2015，17（06）：574-577.

[95] 宋平，蒋怡心，杨琦峰. 例解鲜活农产品供应链订单融资模式设计 [J]. 财会月刊，2016（26）：86-89.

[96] Silvestro R，Lustrato P. Integrating financial and physical supply chains：the role of banks in enabling supply chain integration [J]. International Journal of Operations & Production Management，2014，34（34）：298-324.

[97] 易法敏，耿蔓一. 农户电商融资选择行为分析 [J]. 华南农业大学学报（社会科学版），2018，17（01）：94-103.

[98] 李梦宇，周莹. 供应链融资风险传染度量及贷款利率定价 [J]. 统计与决策，2015（20）：152-156.

[99] 王文利，骆建文，张钦红. 银行风险控制下的供应链订单融资策略研究 [J]. 中国管理科学，2013，21（03）：71-78.

[100] 徐鲲，丁慧平，鲍新中. 电商双边市场供应链融资的合作机制构建与溢出价值分配 [J]. 系统管理学报，2017，26（05）：897-905.

[101] 董志，李秀婷，董纪昌. 基于系统动力学的我国融资结构仿真研究 [J]. 系统工程理论与实践，2016，36（05）：1109-1117.

[102] Min H，Zhou G. Supply chain modeling：past，present and future [J]. Computers & Industrial Engineering，2002，43（1-2）：231-249.

[103] Jin W，Luo J. Optimal inventory and insurance decisions for a supply chain financing system with downside risk control [J]. Applied Stochastic Models in Business & Industry，2017，33.

[104] Jonatan Gjerdrum，Nilay Shah，Lazaros Papageorgiou G. A combined optimization and agent-based approach to supply chain modelling and performance assessment [J]. Production Planning & Control，2001，12（1）：81-88.

[105] Fu Y，Piplani R. Supply-side collaboration and its value in supply chains [J]. European Journal of Operational Research，2004，152（1）：281-288.

[106] 柳键，马士华. 供应链合作及其契约研究 [J]. 管理工程学报，2004（01）：85-87.

[107] 时茜茜，朱建波，盛昭瀚. 重大工程供应链协同合作利益分配研究 [J]. 中国管理科学，2017，25（05）：42-51.

[108] Gonsalvez D J A，Inman R R. Supply chain shared risk self-financing for incremental sales [J]. Engineering Economist，2016，61（1）：23-43.

[109] Zhu Y，Xie C，Wang G J，et al. Comparison of individual，ensemble and integrated ensemble machine learning methods to predict China' s SME credit risk in supply chain finance [J]. Neural Computing & Applications，2017，28（1）：41-50.

[110] 马晓燕. 我国物流资源整合模式研究 [J]. 社会科学家，2011（09）：92-95.

[111] 宋明顺，张华. 从农技推广到知识传播：农业标准化作用的新视角——以浙江省农业标准化为例 [J]. 农业经济问题，2014，35（01）：37-42，110.

[112] 汪发元，刘在洲. 新型农业经营主体背景下基层多元化农技推广体系构建 [J]. 农村经济，2015（09）：85-90.

[113] Li C，Lee H L. Information Sharing and Order Variability Control Under a Generalized Demand Model [J]. Management Science，2009，55（5）：781-797.

[114] Raghavan N. R，Srinivasa，Mishra，. Short-termfinancingin a cash-constrained supply chain [J]. International Journalof Production Economics. 2011（12）：407-415.

[115] 韩化颖，赖勤学. 在电子商务中建立征纳信用——博弈理论分析 [J]. 贵州社会科学，2011（11）：93-98.

[116] Yan N，Liu C，Liu Y，et al. Effects of risk aversion and decision preference on equilibriums in supply chain finance incorporating bank credit with credit guarantee [J]. Applied Stochastic Models in Business & Industry，2017（2）：101-105.

[117] Li G. Research on Credit Ratings of Small and Medium-sized Enterprises Based onSupply-chainFinance [J]. Agro Food Industry Hi-Tech，2017（28）：2440-2443.

[118] 周文坤，王成付. 供应链融资模式下中小企业信用风险评估研究——基于左右得分的模糊 TOPSIS 算法 [J]. 运筹与管理，2015，24（01）：209-215.

[119] 张静. 某物流企业零担物流配载业务流程分析 [J]. 物流工程与管理，2016，38（07）：118-119.

[120] 靳志宏，于波，侯丽晓. 基于配载约束的配送优化问题及其求解算法 [J]. 系统工程学报，2012，27（03）：390-398.

[121] 白世贞，丁小洲. 双渠道下农资供应链协调的 Stackelberg 博弈研究 [J]. 江苏农业科学，2017，45（03）：254-257.

[122] 王永亮，袁振洲，李艳红. 基于 BP 神经网络确定最优配送车辆数目问题的研究 [J]. 交通标准化，2008（06）：21-23.